국어가 잡히는 초등 어휘 ❸

날마다 고사성어

원유순 글 | 뜬금 그림

머핀북

　'고사성어'는 옛날에 있었던 일을 후세 사람들이 자주 사용하여 관용적인 뜻으로 굳은 한자어를 말해요. 운문을 맞추기 위해 대체로 네 글자로 이루어진 것이 많지요. 그래서 흔히 '사자성어(四字成語)'라고 부르기도 해요. 그러나 고사성어 중에는 두 글자로 된 것도 있고, 열두 글자나 되는 것도 있어요. 그러므로 사자성어는 네 글자로 이루어진 고사성어일 뿐, 고사성어가 곧 사자성어는 아니랍니다.

　고사성어의 상당수는 중국의 춘추 전국 시대에 생겨났어요. 이 시대에 활동한 학자와 사상가들은 왕이나 정치가들을 상대할 때 역사 일화를 근거로 들면서 설득하곤 했대요. 그때 사용한 말들을 후세 사람들이 따라 쓰다 보니 관용어처럼 굳어져 오늘날까지 전해진 것이지요.

　그러면 우리는 왜 이렇게 어려운 고사성어를 알아야 할까요?

　첫째, 과거의 일을 통해 현재의 나를 돌아볼 수 있어요. '반면교사(反面敎師)'라는 고사성어처럼 비록 오래전 옛 어른들의 일이지만 그 일에 비추어 현재의 나를 돌아볼 수 있고, 나아가 올바르게 행동할 수 있는 교훈과 지혜를 얻을 수 있어요.

　둘째, 대화가 풍부해지고 설득력을 키울 수 있어요. 고사성어를 많이 알면 상식이 늘어나 친구들과 풍성한 대화를 할 수 있어요. 그뿐만 아니라 토론을 할 때도 고사성어를 인용하면 나의 생각이 정확하게 전달되어 상대방의 마음을 쉽게 얻을 수 있답니다.

　셋째, 한자를 많이 알게 되어 국어 공부에 도움이 돼요. 우리말은 대부분 한자에서 유래된 어휘가 많아요. 그러므로 고사성어를 알면 한자 실력이 쑥쑥 자라고 어휘력이 풍부해지는 건 당연한 일이에요.

　《날마다 고사성어》는 여러분의 마음 수양에 도움이 될 만한 덕목을 여섯 개의 범주로 묶어 구성했어요. 각 범주마다 열 개의 고사성어를 골라 한자와 뜻을 익히고, 성어의 유래를 살펴보며 그 뜻을 새기도록 하였어요. 나아가 비슷하거나 반대되는 속담, 명언, 역사 일화, 옛이야기, 동화 등도 함께 수록해 상식의 폭을 넓히도록 했어요.

　그래도 고사성어가 어렵다고요? 그렇다면 먼저 만화를 읽어 보세요. 고사성어가 실제로 사용되는 상황을 재미있는 에피소드로 구성하였어요. 만화를 읽다 보면 여러분도 일상에서 고사성어를 손쉽게 활용할 수 있을 거예요. 또 각 장이 끝날 때마다 펼쳐지는 숨은 고사성어 찾기 퀴즈를 푸는 재미도 쏠쏠하답니다. 이렇게 하루 한마디 고사성어를 순서대로 익히다 보면 여러분은 어느새 고사성어 박사가 되어 있을 거예요.

2023년 6월 원유순

 차례

1장 가족과 친구의 소중함   6

죽마고우(竹馬故友) | 천생연분(天生緣分) | 도원결의(桃園結義)
반포지효(反哺之孝) | 맹모삼천(孟母三遷) | 결초보은(結草報恩)
난형난제(難兄難弟) | 유유상종(類類相從) | 청출어람(靑出於藍)
단장(斷腸) | **숨은 고사성어 찾기 ① 조각 공원**

2장 욕심과 어리석음   30

양두구육(羊頭狗肉) | 교언영색(巧言令色) | 조삼모사(朝三暮四)
모순(矛盾) | 견물생심(見物生心) | 각주구검(刻舟求劍)
숙맥(菽麥) | 방약무인(傍若無人) | 기우(杞憂) | 전전긍긍(戰戰兢兢)
숨은 고사성어 찾기 ② 카페

3장 배움과 노력의 중요성   54

마부작침(磨斧作針) | 대기만성(大器晚成) | 고진감래(苦盡甘來)
괄목상대(刮目相對) | 형설지공(螢雪之功) | 화룡점정(畫龍點睛)
분골쇄신(粉骨碎身) | 삼고초려(三顧草廬) | 와신상담(臥薪嘗膽) |
등용문(登龍門) | **숨은 고사성어 찾기 ③ 미술 학원**

4장 나를 다스리는 지혜   78

일거양득(一擧兩得) | 선견지명(先見之明) | 순망치한(脣亡齒寒)
과유불급(過猶不及) | 유비무환(有備無患) | 임기응변(臨機應變)
초지일관(初志一貫) | 역지사지(易地思之) | 촌철살인(寸鐵殺人)
경거망동(輕擧妄動) | **숨은 고사성어 찾기 ④ 마트**

5장 마음에 새겨야 할 가치   102

개과천선(改過遷善) | 살신성인(殺身成仁) | 타산지석(他山之石)
백문불여일견(百聞不如一見) | 노마지지(老馬之智) | 당랑거철(螳螂拒轍)
새옹지마(塞翁之馬) | 망양보뢰(亡羊補牢) | 어부지리(漁夫之利)
유언비어(流言蜚語) | **숨은 고사성어 찾기 ⑤ 수영장**

6장 고난 속에서 얻은 깨달음   126

계륵(鷄肋) | 화중지병(畫中之餠) | 설상가상(雪上加霜)
갑론을박(甲論乙駁) | 파죽지세(破竹之勢) | 사면초가(四面楚歌)
백발백중(百發百中) | 오리무중(五里霧中) | 용두사미(龍頭蛇尾)
구사일생(九死一生) | **숨은 고사성어 찾기 ⑥ 놀이터**

함께 알아 두면 좋은 초등 필수 고사성어   150
숨은 고사성어 찾기 정답   154

가족과 친구의 소중함

죽마고우 竹馬故友

竹: 대나무죽, 馬: 말마, 故: 옛고, 友: 벗우

우리는 단짝 친구!

~대학교 졸업식~

회사에 나란히 입사!

우리 우정 영원히~

대나무로 만든 장난감 말을 같이 타던 벗이라는 뜻이에요. 어릴 때부터 친하게 지낸 단짝을 가리키지요.

중국 진나라의 장수 환온은 북방 이민족을 여러 차례 무찌르면서 나날이 세력이 커졌어요. 그러자 진나라의 왕 간무제는 온화하고 학식이 뛰어난 은호를 높은 벼슬에 앉혀 환온을 견제하려 했지요. 원래 환온과 은호는 어릴 때부터 친한 벗이었으나 대립 관계에 놓이자 서로 미워하게 되었어요. 그러던 어느 날, 은호가 전쟁에 나갔는데 말에서 떨어져 크게 지고 말았어요. 그러자 환온이 은호의 책임을 물어 멀리 귀양 보낸 뒤 이렇게 말했지요.

"은호는 어려서부터 나와 죽마를 타고 놀던 친구다. 내가 타다가 버린 죽마를 주워서 가지고 놀았다. 그러니 그가 내 밑에 있는 것은 당연하다."

이 성어는 죽마를 함께 탔던 친한 벗이 운명이 엇갈려 비극을 맞은 일화에서 유래했어요. 하지만 오늘날에는 친한 벗을 일컫는 말로만 사용해요.

죽마고우도 말 한마디에 갈라진다
가까운 사람이라도 말을 함부로 하면 멀어진다는 뜻이에요. 그러니 말을 조심해야겠지요?

막역지우 (莫: 말 막, 逆: 거스릴 역, 之: 어조사 지, 友: 벗 우)
서로 거스르지 않는 친한 친구를 뜻해요. 마음을 알아주는 친구, 함께 있으면 즐거운 친구가 되도록 노력해 보세요.

천생연분 天生緣分

天: 하늘 천, 生: 날 생, 緣: 인연 연, 分: 나눌 분

하늘이 맺어 준 인연이라는 뜻이에요. 태어날 때부터 정해진 사이인 것처럼 잘 어울리는 사람들을 말해요.

<물고기가 맺어 준 인연>

옛날에 한 서생이 좋아하는 여인에게 마음을 고백했어요. 그러자 여인은 서생이 과거에 급제할 때까지 기다리겠다고 했지요. 서생은 그길로 한양에 올라가 열심히 공부했고, 여인은 서생이 급제할 날만 손꼽아 기다렸지요.

하루는 여인이 서생에 대한 그리운 마음을 비단에 적어 못에 던졌어요. 그러자 물고기가 그 편지를 삼키고 사라졌지요. 얼마 뒤 서생이 시장에서 물고기를 사 와 배를 가르자 그 속에 자신을 그리워하는 여인의 비단 편지가 들어 있었어요. 훗날 서생이 여인의 부모를 찾아가 비단 편지를 보여 주자, 여인의 부모가 깜짝 놀라며 말했지요.

"미물인 물고기도 두 사람을 맺어 주려고 하는군요. 서생과 우리 딸은 하늘이 내려준 인연이 분명합니다. 그러니 얼른 혼례를 올리도록 하지요."

천생연분에 보리 개떡

보리 개떡을 먹을 정도로 가난한 부부도 정답게 산다는 뜻이에요. 아무리 천한 사람도 다 제 짝이 있다는 말이지요.

천생배필 (天: 하늘 천, 生: 날 생, 配: 짝 배, 匹: 짝 필)

하늘이 정해 준 운명의 짝, 부부를 뜻해요.

도원결의 桃園結義

桃: 복숭아 도, 園: 동산 원, 結: 맺을 결, 義: 옳을 의

복숭아밭에서 의형제를 맺는다는 말이에요. 뜻이 맞는 사람끼리 하나의 목표를 위해 같이 행동할 것을 맹세한다는 의미지요.

중국을 통일한 한나라는 말기가 되자 나라가 어지러워졌어요. '황건적의 난'까지 일어나 백성들이 굶주림에 시달렸지요. 결국 한나라는 황건적 무리를 물리치기 위해 의병을 모집하는 방을 전국 곳곳에 붙였어요. 탁현 지방에 살고 있던 유비도 그 방을 보게 되었는데, 갑자기 웬 걸걸한 목소리가 유비에게 말했어요.

"그렇게 한숨만 쉬지 말고 힘을 합쳐 싸우지 않겠소?"

그 남자는 바로 장비였어요. 유비와 장비는 서로 뜻이 같다는 것을 알고 주막으로 자리를 옮겼어요. 마침 주막에는 몸집이 크고 멋진 수염을 기른 관우가 있었는데, 관우 역시 두 사람과 뜻이 같았지요. 세 사람은 곧 장비의 집 뒤편에 있는 복숭아 동산에서 검은 소와 흰 말을 잡아 하늘과 땅에 제사를 지내고 형제의 의를 맺었어요. 그 뒤 세 사람은 온갖 어려움을 함께 이겨 내며 촉나라를 세웠어요. 그리고 위나라 조조, 오나라 손권과 함께 천하를 다투었지요. 훗날 명나라의 작가 나관중은 역사 소설 《삼국지연의》에 이 이야기를 기록해 후세에 남겼답니다.

의기투합 (意: 뜻 의, 氣: 기운 기, 投: 던질 투, 合: 합할 합)

생각이나 뜻이 서로 잘 맞는다는 말이에요.
의기투합할 수 있는 친구가 곁에 있다면
마음이 든든할 거예요.

반포지효 反哺之孝

反: 돌이킬 반, 哺: 먹일 포, 之: 어조사 지, 孝: 효도 효

까마귀 새끼가 늙은 어미에게 먹이를 물어다 주는 효성이라는 뜻이에요. 자식이 자라서 어버이의 은혜에 보답하는 것을 말하지요.

중국 진나라의 무제는 학식이 뛰어난 선비 이밀에게 큰 벼슬을 내렸어요. 그런데 무슨 사연인지 이밀이 관직을 한사코 사양하며 이렇게 말했어요.
"제게 늙은 할머니가 계신데, 봉양할 사람이 없습니다. 까마귀가 어미의 은혜에 보답하는 것처럼, 저도 할머니가 돌아가시기 전까지 효도하고 싶습니다."
무제는 이밀의 효성에 크게 감동하여 그의 청을 허락했다고 해요.
한편 중국 명나라의 의약학자 이시진도 자신의 책 《본초강목》에 까마귀의 습성에 대해 기록했어요. 까마귀는 새끼를 낳으면 60일 동안 정성껏 키우며, 그 후 새끼가 자라서 어미에게 먹이를 물어다 먹인다고 해요. 여러분도 까마귀를 본받아 부모님의 은혜에 감사할 줄 아는 사람이 되면 좋겠어요.

안갚음, 안받음
'안갚음'은 다 큰 자식이 온 마음을 다해 부모를 봉양한다는 뜻의 순우리말이에요. 여기서 '안'은 '마음'을 뜻해요. 반대로 '안받음'은 부모가 봉양을 받는 것이에요. 자식의 효도를 기꺼이 받는다는 의미지요.

반의지희 (斑: 얼룩질 반, 衣: 옷 의, 之: 어조사 지, 戱: 놀 희)
때때옷을 입고 논다는 뜻으로, 늙은 부모님 앞에서 재롱을 부려 기쁘게 해 드린다는 말이에요.

맹모삼천 孟母三遷

孟: 맏 맹, 母: 어머니 모, 三: 석 삼, 遷: 옮길 천

고대 중국의 사상가 맹자의 어머니가 아들의 교육을 위해 세 번 이사했다는 뜻이에요. 부모가 자식을 잘 키우려고 노력하는 것을 비유하는 말이지요.

맹자와 어머니는 처음에 공동묘지 근처에 살았는데, 맹자가 장사 지내는 흉내를 자꾸 내자 시장 근처로 이사했어요. 그러자 이번에는 맹자가 물건을 사고파는 흉내를 냈지요. 결국 어머니는 서당 가까이로 이사했고, 그제야 맹자가 글을 읽는 시늉을 하고 예의 바르게 행동했다고 해요. 이 일화를 통해 사람에게 환경이 얼마나 중요한지 잘 알 수 있어요.

패러데이 일화

영국의 화학자 패러데이는 어린 시절 집이 가난하여 학교에 가는 대신, 인쇄소 제본공으로 일했어요. 그러다 왕립과학연구소의 험프리 데이비드 경의 강의에 감동받아 그의 조수가 되었고, 마침내 위대한 과학자로 이름을 떨쳤지요. 그런데 그의 성공 뒤에는 어머니의 큰 헌신이 있었다고 해요. 패러데이는 다음과 같이 말했어요.

"나는 화학을 공부하면서 많은 것을 분석하고 알아냈다. 그러나 내가 영원히 분석할 수 없는 것은 어머니가 나를 위해 흘리신 눈물이다. 그 눈물에는 깊은 애정이 담겨 있는데 과학으로는 절대 분석할 수 없다."

먹을 가까이하면 검어진다

나쁜 사람과 가까이 지내면 나쁜 행동을 쉽게 배운다는 말이에요.

결초보은 結草報恩

結: 맺을 결, 草: 풀 초, 報: 갚을 보, 恩: 은혜 은

풀을 묶어 은혜를 갚는다는 뜻이에요. 죽어서도 은혜를 잊지 않고 갚는 것을 의미하지요.

진나라 군주 위무자는 평소 자신이 죽으면 첩 조희를 좋은 사람에게 시집보낼 거라고 했어요. 그런데 죽을 때가 되자 자신과 함께 조희를 묻어 달라는 유언을 남기고 세상을 떠났지요. 아들 위과는 아버지의 유언이 평소와 달라서 고민하다가 조희를 순장하는 대신 좋은 사람에게 시집보내 주었어요.

몇 년 뒤, 위과가 전쟁터에서 적군의 장수 두희를 쫓을 때였어요. 갑자기 한 노인이 두희 앞에 나타나 풀을 잡아매었어요. 말이 풀에 걸려 넘어지는 바람에 땅에 떨어진 두희는 위과에게 곧장 달려들었지요. 그때 노인이 또다시 풀을 매어 두희의 발을 걸어 넘어뜨렸어요. 결국 두희는 포로로 잡히고 말았지요. 그날 밤 위과의 꿈에 그 노인이 나타나 말했어요.

"나는 조희의 아비라오. 비록 죽은 몸이나, 내 딸을 죽이지 않고 시집보내 준 은혜를 꼭 갚고 싶었소. 정말 고마웠소."

위 이야기처럼 내가 마음을 베풀면 언젠가는 복이 되어 꼭 돌아온답니다.

*순장: 지배층 사람이 죽었을 때 노비나 신하를 같이 묻는 장례 풍습

머리털을 베어 신발을 삼다
무슨 수를 써서라도 은혜를 꼭 갚겠다는 말이에요.

백골난망 (白: 흰 백, 骨: 뼈 골, 難: 어려울 난, 忘: 잊을 망)
죽어서 뼈만 남아도 잊지 못할 정도로 큰 은혜를 입었다는 뜻이에요.

막상막하 (莫: 없을 막, 上: 윗 상, 下: 아래 하)
위도 없고 아래도 없다는 뜻으로, 차이가 별로 없어서 우열을 가리기 어렵다는 말이에요.

07

난형난제 難兄難弟

難: 어려울 난, 兄: 형 형, 弟: 아우 제

08

유유상종 類類相從

類: 무리 유, 相: 서로 상, 從: 따를 종

비슷한 사람들끼리 모이거나 사귀는 것을 뜻해요. 쉽게 얘기하면 '끼리끼리'와 같은 말이에요.

중국 제나라의 선왕이 관료 순우곤에게 벼슬을 내릴 만한 훌륭한 인재를 찾아보라고 명했어요. 그러자 순우곤은 단 하루 만에 여러 지방에 흩어져 있는 인재 일곱 명을 데려왔지요. 이에 깜짝 놀란 선왕이 물었어요.
"귀한 인재를 한 번에 일곱 명이나 데려오다니, 그게 가능한가?"
그러자 순우곤이 자신만만하게 대답했지요.
"같은 종의 새가 무리 지어 살듯, 인재도 끼리끼리 모입니다. 그러므로 신이 인재를 모으는 것은 강에서 물을 구하는 것과 똑같습니다."
이처럼 '유유상종'은 '인재의 모임'을 뜻하는 좋은 의미의 성어예요. 하지만 요즘은 행실이 나쁜 사람들이 무리 지어 나다니며 나쁜 짓을 할 때 비꼬는 말로 자주 쓰인답니다.

깃털이 같은 새들끼리 모인다.
Birds of a feather flock together.

초록동색 (草: 풀 초, 綠: 초록 록, 同: 같을 동, 色: 빛 색)
풀빛과 초록은 같은 색이라는 뜻으로, 처지나 상황이 비슷한 사람들끼리 어울린다는 말이에요. 우리가 자주 쓰는 속담인 '가재는 게 편이다'와 같은 의미지요.

청출어람 靑出於藍

靑: 푸를 청, 出: 날 출, 於: 어조사 어, 藍: 쪽 람

쪽에서 우러난 푸른 물이 쪽보다 더 푸르다는 뜻이에요. 제자가 스승보다 나음을 비유하는 말이지요. 쪽은 마디풀과에 속하는 한해살이풀로 옷감을 염색하는 데 쓰여요.

<루벤스와 반 다이크>

바로크 미술을 대표하는 화가 루벤스는 17세기 당시 최고의 실력자로 늘 그림 주문이 빗발쳤어요. 그래서 그는 언제나 많은 조수와 제자를 거느리고 그림을 그렸어요. 루벤스가 밑그림을 그리고 색과 명암을 지정하면 제자들이 나머지 작업을 하는 식이었지요. 그 결과 루벤스는 <마리 드 메디시스의 생애>, <십자가에서 내려지는 예수>, <야경꾼> 등 2,000점이 넘는 많은 작품을 남겼어요.

한편 루벤스의 수석 조수 반 다이크는 자신만의 구성 기법을 사용하여 독자적인 그림을 그렸어요. 초상화가로 이름을 알린 반 다이크는 <사냥 중의 찰스 1세>, <자화상> 등을 남겼지요. 그의 우아한 초상화는 약 2백 년 동안 영국 초상화에 큰 영향을 미쳤어요. 반 다이크는 루벤스의 제자였으나, 스승을 능가하는 실력으로 '청출어람'의 본보기를 보였다고 할 수 있지요.

나중 난 뿔이 우뚝하다

뒤늦게 시작한 사람의 실력이 뛰어나 앞서 시작한 사람보다 잘하게 되었다는 말이에요. '먼저 난 머리보다 나중 난 뿔이 무섭다'도 같은 뜻의 속담이랍니다.

단장 斷腸

斷: 끊을 단, 腸: 창자 장

창자가 끊어지는 것처럼 몹시 슬프다는 뜻이에요. 아주 깊은 슬픔이나 아픔을 나타내는 말이지요.

중국 진나라의 환온 장군이 배를 타고 촉나라로 가던 중 양쯔강의 골짜기에서 쉬고 있을 때였어요. 한 병사가 근처 숲에서 새끼 원숭이 한 마리를 발견해 잡아 왔어요. 병사는 새끼 원숭이가 너무 귀여워서 함께 데려가기로 했지요. 조금 뒤 배가 출발했는데 어디선가 갑자기 어미 원숭이가 나타나 "끼끼끼끼." 구슬프게 울며 배를 쫓아왔어요. 사람들은 저러다 말겠지 했지만, 어미 원숭이는 포기하지 않고 끝까지 배를 따라왔어요. 이를 본 사람들이 배의 속도를 늦추자 어미 원숭이는 곧장 배로 뛰어올라 새끼를 껴안았어요. 그러나 어미 원숭이는 바로 숨이 끊어지고 말았지요.

사람들은 갑자기 죽은 원숭이를 이상하게 여겨 배를 갈라 보았어요. 그러자 놀랍게도 원숭이 배 속의 창자가 죄다 끊어져 있었어요. 새끼를 잃은 슬픔이 너무 커서 창자가 토막토막 끊어진 것이지요. 뒤늦게 이를 알게 된 환온은 병사를 크게 꾸짖고 어미 원숭이를 양지바른 곳에 고이 묻어 주었어요.

이때부터 몹시 슬픈 일이 생기면 '단장의 슬픔'이라는 말을 쓰게 되었답니다.

자식 떼고 돌아서는 어미는 발자국마다 피가 고인다
어머니가 자식을 떼어 놓는 일은 말할 수 없이 괴롭고 고통스럽다는 뜻이에요.

숨은 고사성어 찾기
① 조각 공원

아름다운 조각 공원에서 사람들이 가족, 친구들과 즐거운 한때를 보내고 있네요. 그림 속에 숨은 고사성어를 찾아보세요!

1. 죽마고우(竹馬故友)
2. 천생연분(天生緣分)
3. 도원결의(桃園結義)
4. 반포지효(反哺之孝)
5. 맹모삼천(孟母三遷)
6. 결초보은(結草報恩)
7. 난형난제(難兄難弟)
8. 유유상종(類類相從)
9. 청출어람(靑出於藍)
10. 단장(斷腸)

➡ 정답은 154쪽에 있어요.

2장

욕심과 어리석음

양두구육 羊頭狗肉

羊: 양 양, 頭: 머리 두, 狗: 개 구, 肉: 고기 육

양의 머리를 걸어 놓고 개고기를 판다는 뜻이에요. 겉과 속이 서로 다른 것을 의미하지요. 또는 그럴싸해 보이지만 속은 형편없는 상황을 말해요.

중국 제나라의 황제 영공은 여자를 남자처럼 차려입히는 것을 즐겼어요. 그의 특이한 취미가 온 나라에 알려지자 제나라 여인들이 앞다투어 남자처럼 차려입고 꾸미기 시작했지요. 뒤늦게 이 사실을 알고 당황한 영공은 남장을 금지했지만 사람들이 잘 지키지 않았어요. 영공은 당시 명성이 자자했던 사상가 안자를 불러 남장 금지령이 지켜지지 않는 까닭을 물었지요. 그러자 안자가 이렇게 대답했어요.

"군주께서는 궁궐 안 여인들의 남장은 허락하시면서, 궁 밖에서만 못 하게 하십니다. 이는 밖에는 양 머리를 걸어 놓고 안에서는 개고기를 파는 것과 같습니다."

이 말을 들은 영공은 크게 깨닫고 궁중에서도 남장을 금하였어요. 그러자 그제야 남장을 하는 여인들이 사라졌다고 해요.

위 이야기에서 알 수 있듯이 말과 행동이 하나로 들어맞아야 사람들에게 신뢰를 줄 수 있고, 나의 말을 따르도록 설득할 수 있답니다.

겉 다르고 속 다르다
말과 행동이 서로 다른 음흉한 사람을 가리킬 때 주로 써요.

표리부동 (表: 겉 표, 裏: 속 리, 不: 아닐 부, 同: 같을 동)
겉으로 하는 행동과 속마음이 완전히 다르다는 뜻이에요.

교언영색 巧言令色

巧: 교묘할 교, 言: 말씀 언, 令: 좋을 영, 色: 빛색

교묘한 말과 예쁘게 꾸민 얼굴빛이라는 뜻이에요. 남에게 잘 보이려고 그럴듯하게 꾸미는 말과 알랑거리는 태도를 일컬어요.

<추기의 충언>

중국 제나라의 추기와 서공은 외모가 아주 빼어났어요. 추기는 늘 서공을 의식하여 주변 사람들에게 누가 더 잘생겼냐고 물었지요. 그럴 때마다 사람들은 추기가 더 잘생겼다며 치켜세웠어요. 그러나 우연히 서공을 본 추기는 서공이 자신보다 훨씬 빼어나다는 것을 알고 부끄러웠어요.

몇 년 뒤, 제나라는 왕에게 거짓만 고하는 간신들이 들끓어 나라가 몹시 어지러웠어요. 추기는 왕에게 자신의 이야기를 들려주며 이렇게 충언했지요.

"듣기 좋은 말만 듣지 마시고 무엇이 거짓이고 진실인지 살피십시오."

왕은 추기의 진심 어린 말에 감동하여 아첨하는 신하를 물리쳤다고 해요.

'교언영색'은 원래 공자가 쓴 《논어》의 〈학이편〉에 나오는 말로 '교언영색 선의인(巧言令色 鮮矣仁)'이라고 쓰여 있어요. 말을 잘 꾸미고 얼굴빛을 좋게 하는 사람 중에는 어진 이가 적다는 뜻이지요. 다른 사람의 그럴듯한 말만 듣지 말고, 주변의 상황을 신중하게 살피고 판단하는 태도를 기르도록 해요.

입발림

달콤한 말로 다른 사람의 비위를 맞추는 것을 뜻해요. '사탕발림'이라고도 하지요.

감언이설 (甘: 달 감, 言: 말씀 언, 利: 이로울 이, 說: 말씀 설)

달콤한 말과 유리한 조건을 앞세워 남을 꾄다는 뜻이에요.

조삼모사 朝三暮四

朝: 아침 조, 三: 석 삼, 暮: 저물 모, 四: 넉 사

아침에 세 개, 저녁에 네 개라는 뜻이에요. 결과가 같은 것은 모르고 겉으로 보이는 차이만 아는 어리석음을 비유하는 말이에요. 또는 나쁜 꾀를 부려 남을 속이고 놀린다는 의미도 있어요.

중국 송나라에 저공이라는 사람이 살았어요. 저공은 원숭이를 무척 좋아해 식구들이 먹을 양식까지 줄여 가면서 원숭이 수십 마리를 정성껏 길렀지요. 하지만 원숭이 수가 계속 늘어나자 나중에는 먹이를 감당하기 어려워졌어요. 저공은 한참 고민한 끝에 원숭이들을 불러 놓고 물었어요.
"앞으로 도토리를 아침에 세 개, 저녁에 네 개씩 주려 하는데 어떠냐?"
그러자 원숭이들이 불같이 화를 냈어요. 아침에 도토리를 적게 먹으면 저녁까지 견디기 힘들다는 것이었지요.
저공은 원숭이들의 마음을 알아차리고 다시 물었어요.
"그럼 아침에 네 개, 저녁에 세 개를 주면 어떠냐?"
그러자 원숭이들이 뛸 듯이 기뻐했지요. 어리석은 원숭이들은 하루 동안 주어지는 먹이의 양이 같은 것은 전혀 모르고, 그저 아침에 먹는 도토리 개수만 따졌던 거예요. 여러분은 원숭이들처럼 하나만 알고 둘은 모르는 어리석음을 범하지 말고, 너른 시야로 폭넓게 생각하도록 해요.

눈 가리고 아웅 한다
매우 얕은수로 남을 속이려 한다는 말이에요. 여기서 '아웅'은 얼굴을 손으로 가렸다가 다시 떼면서 아이를 달래는 소리를 뜻해요.

모순 矛盾

矛: 창 모, 盾: 방패 순

창과 방패라는 뜻이에요. 어떤 두 가지 사실이 이치에 어긋나서 서로 앞뒤가 맞지 않는 경우를 가리켜요.

중국 초나라에 창과 방패를 파는 장사꾼이 있었어요. 장사꾼은 시장에서 사람들을 모아 놓고 자신이 파는 창과 방패가 얼마나 대단한지 큰 소리로 떠벌렸어요.

"이 방패는 튼튼해서 그 어떤 창으로도 뚫을 수 없습니다."

방패 자랑을 실컷 늘어놓은 장사꾼은 곧이어 옆에 있는 창을 들더니 다시 한번 쩌렁쩌렁 외쳤어요.

"이 창을 보세요! 엄청 날카로워서 어떤 방패든 다 뚫을 수 있습니다!"

그러자 장사꾼의 말을 듣고 있던 한 남자가 고개를 갸웃거렸어요.

"그럼 그 창으로 저 방패를 뚫어 보시오."

남자의 말에 장사꾼은 얼굴이 벌게지더니, 결국 아무 말도 하지 못하고 주섬주섬 자리를 떴답니다.

이 이야기는 중국 한나라의 학자 한비자가 지은 《한비자》의 <난일> 편에 실려 있어요. 한비자는 중국 요 임금과 순 임금이 각각 지혜와 덕으로 나라를 다스려 평화로운 세상을 이루었다면서, 지혜와 덕을 창과 방패에 빗대어 설명했답니다.

자가당착 (自: 스스로 자, 家: 집 가, 撞: 칠 당, 着: 붙을 착)

자기 스스로에게 부딪힌다는 의미예요.

같은 사람이 한 말과 행동이 서로 모순되는 경우를 가리키지요.

견물생심 見物生心

見: 볼 견, 物: 물건 물, 生: 날 생, 心: 마음 심

어떤 물건을 실제로 보면 가지고 싶은 욕심이 생긴다는 뜻이에요. 지나친 욕심을 경계하라는 속뜻이 담겨 있어요.

<당나귀와 다이아몬드>

나무를 내다 팔아 먹고사는 랍비가 아랍인 상인한테 당나귀 한 마리를 샀어요. 나무를 팔러 시장을 오가는 시간을 절약해 《탈무드》를 공부하기 위해서였지요. 그런데 당나귀를 목욕시키는 중에 목에서 다이아몬드 하나가 톡 떨어졌어요. 제자들은 랍비가 부자가 되었다며 기뻐했지요. 하지만 랍비는 당나귀만 내 것이라며 상인에게 다이아몬드를 돌려주었어요.

"이제 당신이 당나귀의 주인이니 다이아몬드도 당신 것입니다."

상인이 의아해하며 말하자 랍비는 이렇게 대답했어요.

"아니요, 돈을 내고 산 물건 외에는 더 가져서는 안 되는 법이지요."

상인은 고개를 끄덕이며 랍비를 높이 칭송했어요.

보통 물건이 공짜로 생기면 좋아하지요. 즉, 견물생심을 갖기 마련인데 한사코 귀한 보석을 마다하다니 랍비는 참 올곧은 사람 같아요. 아무리 탐나도 자신의 것이 아니거나 분수에 넘치는 물건이라면 절제하는 게 좋겠지요?

황금 보기를 돌같이 하라. - 최영 (고려 시대의 장수)

말 그대로 쓸데없는 욕심을 부리지 말라는 뜻이에요. 최영 장군은 높은 관직에 오른 뒤에도 절대로 재물을 탐내지 않았어요. 그래서 일반 백성들의 살림살이보다 나은 것이 없었고, 오히려 겨우 밥을 먹고 지낼 정도였다고 해요.

각주구검 刻舟求劍

刻: 새길 각, 舟: 배 주, 求: 구할 구, 劍: 칼 검

강물에 떨어뜨린 칼을 배에 표시해 찾으려 한다는 뜻이에요. 세상일에 밝지 못해 어리석고 미련하다는 말이지요.

중국 초나라의 한 젊은이가 배를 타고 강을 건너고 있었어요. 그는 사람들에게 집안 대대로 내려오는 보검을 자랑하다가 그만 물속에 빠뜨리고 말았어요. 그는 곧장 작은 칼을 꺼내 보검을 떨어뜨린 자리의 뱃전에 칼자국을 내었지요. 배가 움직이는 것은 생각지 못하고, 칼이 빠진 곳이라고 배에 표시를 한 거예요.
이윽고 배가 건너편 나루터에 닿자 젊은이는 칼자국이 있는 뱃전 밑 물속으로 뛰어들었어요. 그러나 그곳에 칼이 있을 리 없지요. 사람들은 젊은이의 어리석은 행동을 보며 혀를 끌끌 찼답니다. 여러분은 이 젊은이처럼 현실에 맞지 않는 낡은 생각을 고집하지 말고 융통성 있게 행동하도록 해요.

하나만 알고 둘은 모른다
상황을 고루 살피지 못하고, 한쪽 면만 보고 판단하는 것을 말해요. 융통성이 없는 사람을 가리킬 때 이 말을 쓰지요.

수주대토 (守: 지킬 수, 株: 그루터기 주, 待: 기다릴 대, 兎: 토끼 토)
그루터기를 지키며 토끼를 기다린다는 뜻이에요. 노력은 하지 않고 요행만 바라거나 착각에 빠져 불가능한 일을 고집하는 태도를 이르지요. '감나무 밑에 누워서 홍시 떨어지기 기다린다'는 속담과 같은 말이에요.

숙맥 菽麥

菽: 콩 숙, 麥: 보리 맥

콩과 보리도 구별하지 못한다는 뜻으로, 어리석고 못난 사람을 가리켜요. 원래는 '숙맥불변(菽麥不辨)'에서 나온 말이지만 줄여서 '숙맥'이라고 해요.

춘추 시대 진나라 왕족인 주자에게 형이 한 명 있었는데, 세상 물정을 전혀 모르는 바보였어요. 그래도 주자는 형을 왕으로 앉히려고 무던히 애썼지요. 하루는 콩과 보리를 바닥에 쏟아 놓고 두 곡물의 차이를 가르쳤어요.
"크고 둥글둥글한 것이 콩입니다. 반면 보리는 콩보다 작고 납작합니다."
주자가 몇 번이나 설명하고 나서야 형이 알겠다는 듯 고개를 끄덕였지요.
다음 날 주자가 형을 시험하려고 창고에서 콩을 꺼내 오라고 했어요. 바보지만 착한 형은 부리나케 창고로 달려가 곡식 한 자루를 가져왔어요. 하지만 그건 콩이 아니라 보리였지요. 신하들은 결국 주자를 왕으로 추대할 수밖에 없었답니다. 이 사람이 바로 진나라의 제후 '진 도공'으로, 뒷날 내란을 수습하고 송나라와 정나라를 굴복시켰답니다.
요즘에는 세상에 찌들지 않은 순수한 사람, 수줍음이 많은 사람을 애정 어린 투로 '숙맥'이라고 부르기도 해요.

숙맥이 상팔자
세상 물정을 잘 모르는 사람이 팔자가 좋다는 뜻이에요. 모르는 것이 오히려 마음 편하다는 말이지요.

낫 놓고 기역자도 모른다.
낫을 보고도 'ㄱ' 자를 모를 만큼 무식하다는 뜻이에요.

방약무인 傍若無人

傍: 곁 방, 若: 같을 약, 無: 없을 무, 人: 사람 인

곁에 아무도 없는 것처럼 함부로 군다는 뜻이에요. 주위 사람을 의식하지 않고 제멋대로 행동하는 사람을 가리키지요.

중국 위나라 사람인 형가는 성품이 바르고 행동이 차분했으며 생각이 깊었어요. 학문과 무예, 예술에도 매우 뛰어났지요. 하지만 위나라에서 관직에 오를 기회가 없자, 형가는 여러 나라를 떠돌며 덕과 학식이 높은 사람들과 어울려 지냈어요. 특히 비파의 명수인 고점리와 가깝게 지내면서 술을 자주 마셨다고 해요. 고점리가 비파를 불면 형가는 가락에 맞춰 춤을 추며 목청껏 노래를 불렀지요. 그러다가 자신들의 처지가 처량하여 껴안고 울기도 했어요. 이때 두 사람의 모습이 마치 옆에 아무도 없는 것처럼 거리낌이 없었다고 해요.

이 이야기는 사마천이 지은 《사기》의 <자객열전>에 실려 있어요. '방약무인'은 원래 거리낄 것 없이 당당한 태도를 뜻했는데, 오늘날에는 무례하거나 건방진 사람을 빗대는 말로 더 많이 쓰여요.

다른 사람의 눈치를 보지 않고 소신껏 당당하게 사는 것도 좋지만, 혹시 상대방을 무시하거나 함부로 대한 건 아니었는지 늘 살피는 태도가 더 중요해요. 방약무인하지 않도록 자신의 행동을 돌아보고 반성할 줄 아는 사람이 되어 보아요.

안하무인 (眼: 눈 안, 下: 아래 하, 無: 없을 무, 人: 사람 인)
눈 아래 보이는 사람이 없는 것처럼 행동한다는 뜻으로, 잘난 체하는 사람을 일컫는 말이에요.

기우 杞憂

杞: 구기자 기, 憂: 근심 우

'기나라 사람의 근심'이라는 뜻이에요. 쓸데없는 걱정과 안 해도 될 근심을 이르는 말이지요.

중국 기나라에 한 남자가 살았는데, 하루 종일 온갖 걱정을 하며 불안해했어요. 하루는 하늘을 올려다보며 하늘이 무너져 내리면 어쩌나 걱정했어요. 다음 날은 땅을 내려다보며 땅이 꺼지면 어쩌나 근심했지요. 결국 남자는 걱정 때문에 밥도 먹지 못하고 몸져눕게 되었어요. 그러자 한 사람이 안타까워하며 말했어요.
"이보게. 하늘은 기운으로 가득 차 있어서 해와 달, 별이 떨어지지 않네. 땅 역시 기운이 뭉쳐져 있어서 절대 꺼지지 않는다네. 그러니 너무 근심하지 말게나."
그제야 남자는 마음을 놓고 더는 걱정하지 않았다고 해요.
일어나지도 않은 일을 미리 근심하는 것처럼 어리석은 일도 없을 거예요. 직접 겪어 보고 경험해 보면 걱정했던 것보다 별일 아닌 경우도 많답니다.

노심초사 (勞: 일할 노, 心: 마음 심, 焦: 탈 초, 思: 생각 사)
몹시 마음을 쓰며 애를 태운다는 뜻으로, 쓸데없는 걱정을 할 때 이 말을 잘 써요. 늙은 할머니의 마음을 뜻하는 '노파심'도 비슷한 말이지요.

전전긍긍 戰戰兢兢

戰: 두려워할 전, 兢: 삼갈 긍

겁을 먹고 벌벌 떤다는 뜻이에요. 몸을 움츠리며 조심하는 태도를 이르는 말이지요.

중국 서주 시대 말기는 몹시 혼란했어요. 봉건 사회가 무너지고 왕권이 약해져 법도 아무 소용이 없었지요. 사람들은 눈앞의 이득을 챙기느라 뒷날은 전혀 생각하지 않고 함부로 날뛰었어요. 그러나 조심성 있는 사람들은 세상에 휘둘리지 않고 몸을 사리며 때를 기다렸어요. 중국의 가장 오래된 시집인 《시경》의 <소민편>에 이러한 상황을 한탄한 시가 수록되어 있답니다.

사람들이 하나는 알고 둘은 모르는구나. 두려워하며 조심하라.
[人知其一 莫知其他 戰戰兢兢]
깊은 못을 대하듯 하고, 엷은 얼음을 밟듯이 해야 하느니.
[如臨深淵 如履薄氷]

이처럼 '전전긍긍'은 원래 스스로를 반성하는 좋은 의미였어요. 그러나 오늘날에는 잘못을 들키거나 손해를 볼까 봐 안절부절못하는 경우를 이르는 말로 더 많이 쓰인답니다.

도둑이 제 발 저리다

죄를 지으면, 아무도 뭐라고 하지 않아도 마음이 조마조마해지는 것을 뜻해요. 이처럼 양심에 찔리는 행동을 하면 두 발 뻗고 마음 편히 지내기 힘들지요. 조금의 이익을 얻으려고 전전긍긍하지 말고, 스스로에게 떳떳한 사람이 되기를 바라요.

숨은 고사성어 찾기
② 카페

카페 안이 따뜻한 차와 갓 구운 빵을 먹으려는 사람들로 북적북적하네요. 맛있는 냄새가 가득한 카페에서 고사성어를 찾아보아요!

1. 양두구육(羊頭狗肉)
2. 교언영색(巧言令色)
3. 조삼모사(朝三暮四)
4. 모순(矛盾)
5. 견물생심(見物生心)
6. 각주구검(刻舟求劍)
7. 숙맥(菽麥)
8. 방약무인(傍若無人)
9. 기우(杞憂)
10. 전전긍긍(戰戰兢兢)

➡ 정답은 154쪽에 있어요.

3장

배움과 노력의 중요성

마부작침 磨斧作針

磨: 갈 마, 斧: 도끼 부, 作: 만들 작, 針: 바늘 침

도끼를 갈아 바늘을 만든다는 뜻이에요. 아무리 힘들고 어려운 일이라도 끈기 있게 계속하면 마침내 뜻을 이룰 수 있다는 말이지요.

중국 당나라 시인 이백은 어릴 때부터 시와 글씨에 뛰어난 재능을 보였어요. 하지만 공부를 열심히 하는 아이는 아니었지요. 그래서 이백의 아버지는 아들을 상의산으로 보내 훌륭한 스승의 가르침을 받으며 공부하게 했어요. 하지만 공부에 금세 싫증이 난 이백은 스승에게 말도 하지 않고 멋대로 산을 내려왔어요. 그러다 냇가에서 바위에 도끼를 열심히 문지르고 있는 할머니를 만났지요. 이상하게 여긴 이백이 할머니에게 그 이유를 묻자, 할머니는 도끼를 갈아 바늘을 만드는 중이라고 대답했어요. 이백이 어이가 없어 헛웃음을 터뜨리자 할머니가 이백을 꾸짖으며 말했어요.
"얘야, 중도에 포기하지 않으면 언젠가는 이 도끼도 바늘이 될 수 있단다."
이백은 할머니의 말에 크게 깨닫고, 그길로 곧장 스승에게 돌아갔어요. 그 후 이백은 열심히 공부하여 중국 역사상 가장 위대한 시인이 되었답니다.

열 번 찍어 안 넘어가는 나무 없다
불가능해 보이는 일도 거듭 도전하면 결국 이루어진다는 말이에요.

우공이산 (愚: 어리석을 우, 公: 공평할 공, 移: 옮길 이, 山: 뫼 산)
'우공'이라는 노인이 산을 옮긴다는 뜻이에요. 무슨 일이든 꾸준히 하면 그 노력이 모여 큰일도 해낼 수 있답니다.

대기만성 大器晚成

大: 클 대, 器: 그릇 기, 晚: 늦을 만, 成: 이룰 성

큰 그릇을 만들려면 시간이 오래 걸린다는 뜻이에요. 즉, 무슨 일이든 단번에 좋은 결과를 얻을 수 없으며 긴 시간과 노력이 필요하다는 말이지요. 나이가 든 뒤 뒤늦게 성공한 사람을 가리키는 말로도 쓰여요.

중국 위나라에 최염이라는 이름난 장군이 있었어요. 그에게는 최림이라는 사촌동생이 있었는데, 외모도 평범하고 출세가 늦어 친척들로부터 늘 멸시를 받았지요. 그러나 최염은 사촌동생의 재능을 알아보았고, 큰 종이나 큰 솥은 쉽사리 만들어지는 것이 아니니 좌절하지 말고 열심히 노력하라며 늘 격려해 주었어요. 과연 최염의 말대로, 훗날 최림은 천자를 보좌하는 큰 벼슬에 오르게 되었어요. 이 이야기는 《삼국지》의 <최염편>에 실려 있답니다.

이순신 일화

우리나라의 이순신 장군도 대기만성형 인물이에요. 이순신 장군은 스물여덟 살이 되던 해에 무과 시험에 응시했는데, 말에서 떨어져 크게 다치는 바람에 낙방하고 말았지요. 그러나 이순신 장군은 좌절하지 않고 꾸준히 무술을 연마하여 4년 뒤에 다시 도전했어요. 이순신 장군은 마침내 병과에 급제하였으나 당시로는 비교적 늦은 나이였다고 해요.

로마는 하루아침에 이루어지지 않았다. - 프랑스 격언

고대 로마도 대제국을 이루기 전에는 한낱 작은 마을에 불과했던 것처럼, 처음 시작은 누구나 작고 보잘것없어요. 하지만 매일 조금씩 성장하고, 작은 성공을 쌓다 보면 원하는 바를 반드시 이룰 수 있답니다.

고진감래 苦盡甘來

苦: 쓸 고, 盡: 다할 진, 甘: 달 감, 來: 올 래

쓴 것이 다하면 단 것이 온다는 뜻이에요. 어려움을 잘 이겨 내면 즐거움이 찾아온다는 의미지요.

철종 일화
"원범아, 빨리 집에 가 봐! 한양에서 왔다는 사람들이 너를 막 찾아!"
산에서 나무를 한 뒤 내려오던 원범이는 헐레벌떡 뛰어온 친구들의 말에 가슴이 철렁 내려앉았어요. 원범이의 할아버지는 은언군(사도세자의 셋째 아들, 정조의 이복동생)이에요. 임금을 배반하고 왕위를 노렸다는 억울한 누명을 쓰고 죽임을 당했지요. 원범이의 형도 똑같은 누명을 쓰고 몇 년 전에 사약을 받았어요. 원범이만 겨우 목숨을 건져 이곳 시골에서 숨어 지내고 있었지요. 원범이는 자신도 언제 죽임을 당할지 몰라 늘 마음이 불안했어요.
원범이는 운명을 받아들이기로 마음먹고, 집으로 무거운 걸음을 옮겼지요. 그런데 한양에서 온 사람들은 원범이에게 사약을 내리러 온 게 아니었어요. 선왕이었던 헌종이 아들 없이 죽어서 원범이가 왕위에 오르게 되었다는 소식을 전했지요. 원범이는 얼떨떨한 얼굴로 화려한 가마에 올라 한양으로 향했어요. 이분이 바로 조선의 제25대 임금인 철종이랍니다.

쥐구멍에도 볕 들 날이 있다
고생스럽게 사는 사람에게도 언젠가는 좋은 일이 생긴다는 뜻이에요.

흥진비래 (興: 일어날 흥, 盡: 다할 진, 悲: 슬플 비, 來: 올 래)
기쁨이 다하면 슬픔이 온다는 뜻으로, 좋고 나쁜 일은 돌고 돈다는 말이에요.

괄목상대 刮目相對

刮: 비빌 괄, 目: 눈 목, 相: 서로 상, 對: 대할 대

눈을 비비고 사람을 다시 본다는 뜻이에요. 학문이나 기술이 예전보다 깜짝 놀랄 만큼 발전한 것을 말해요.

중국 오나라에 여몽이라는 장수가 있었어요. 오나라의 왕 손권은 여몽이 무술만 뛰어날 뿐, 학식이 부족한 것을 늘 염려하였지요. 그래서 국가의 큰일을 맡으려면 글을 많이 읽고 지식을 쌓아야 한다고 여러 번 충고했어요. 여몽은 왕의 말대로 손에서 책을 놓지 않고 열심히 학문을 닦았어요.

얼마 뒤 재상 노숙이 우연히 여몽을 만났는데, 전과 달리 학식이 풍부해진 것을 알아차리고 깜짝 놀랐어요. 노숙은 평소에 여몽을 별 볼 일 없는 사람이라 여기며 무시했거든요. 여몽은 노숙과 헤어지면서 이렇게 말했어요.

"선비라면 사흘을 떨어져 있다 만났을 때 눈을 비비고 다시 대해야 할 정도로 달라져 있어야 하는 법입니다."

이후 여몽은 손권을 보좌하여 나라의 힘을 키우는 데 큰 역할을 했어요. 촉나라의 관우를 사로잡는 등 수많은 공을 세워 오나라의 명장으로도 존경받았지요. 이 이야기는《삼국지》의 <여몽편>에 실려 있답니다.

일취월장 (日: 날 일, 就: 나아갈 취, 月: 달 월, 將: 장수 장)
나날이, 다달이 몰라보게 발전한다는 뜻이에요.

형설지공 螢雪之功

螢: 반딧불이 형, 雪: 눈 설, 之: 어조사 지, 功: 공 공

'반딧불과 눈의 빛으로 공부하여 이룬 공'이라는 뜻이에요. 어려움을 이겨 내고 꾸준히 공부해서 얻은 보람을 이르지요.

중국 진나라에 손강이라는 사람이 살았어요. 매우 똑똑하고 공부를 좋아했지만 형편이 어려워 마음껏 공부하지 못했지요. 등불 기름을 살 돈도 없어서 깜깜한 밤이 되면 책을 읽을 수 없었어요.

어느 날, 손강이 밤중에 깨어 보니 밖이 환했어요. 무슨 일인가 싶어 문을 열어 보니 종일 내린 눈으로 온 세상이 하얗게 뒤덮여서 낮처럼 밝게 보였지요. 손강은 곧장 책상에 앉아 눈에 반사되는 빛에 의지해 글을 읽었어요. 그렇게 열심히 공부한 끝에 손강은 큰 벼슬에 올랐지요.

한편 중국 동진 사람인 차윤도 글공부를 좋아해 밤낮없이 책을 읽고 또 읽었어요. 하지만 차윤도 기름 살 돈이 없어 고민이 많았지요. 그러던 어느 한여름 밤, 꼬리에서 빛을 내는 반딧불이를 보고 좋은 생각이 떠올랐어요. 차윤은 얇은 명주 주머니에 반딧불이를 잡아넣은 다음 주머니를 등불처럼 책상 위에 매달고 반딧불에 의지해 책을 읽었지요.

이때부터 손강과 차윤처럼 어려움을 극복하고 학업에 큰 성과를 낸 사람을 가리켜 '형설지공'으로 공부했다고 한답니다.

주경야독 (晝: 낮 주, 耕: 밭 갈 경, 夜: 밤 야, 讀: 읽을 독)

낮에는 밭을 갈고 밤에는 글을 읽는다는 뜻이에요. 바쁜 시간을 쪼개어 열심히 공부하는 모습을 말해요.

화룡점정 畵龍點睛

畵: 그림 화, 龍: 용 용(룡), 點: 점 점, 睛: 눈동자 정

용을 그린 뒤 마지막으로 눈동자를 그려 넣었더니 실제 용이 되어 하늘로 날아올랐다는 뜻이에요. 어떤 일을 할 때 가장 중요한 부분을 완성하는 상황을 가리켜요.

중국 양나라에 장승요라는 화가가 있었어요. 그림인지 실물인지 구별하기 어려울 정도로 솜씨가 매우 뛰어나서 보는 사람마다 감탄했지요.

장승요가 안락사에서 그림을 그리던 시절의 일이에요. 하루는 하늘로 날아오르는 용 두 마리를 그렸는데 금방이라도 구름을 뚫고 올라갈 것처럼 생생했지요. 그런데 어쩐 일인지 장승요는 용의 눈을 그리지 않았어요. 그림을 본 사람들은 하나같이 왜 눈을 그리지 않냐고 물었어요. 그러자 장승요는 용이 하늘로 날아가 버릴까 봐 눈을 그릴 수 없다고 대답했지요.

하지만 사람들은 장승요의 말을 비웃었어요. 어서 눈을 그려 넣어 그림을 완성하라고 독촉했지요. 잠시 망설이던 장승요는 용 한 마리에만 눈을 그려 넣었어요. 그 순간, 하늘에서 천둥이 치더니 눈을 그려 넣은 용이 벽을 박차고 하늘로 날아올랐어요. 반면 눈동자를 그리지 않은 용은 그대로 남아 있었지요. 이 이야기는 당나라의 미술 사학자 장언원이 편찬한 《역대명화기》에 실려 있답니다.

사족 (蛇: 뱀 사, 足: 발 족)
뱀의 발이라는 뜻으로, 쓸데없는 행동을 하여 오히려 일을 망치는 경우를 말해요.

분골쇄신 粉骨碎身

粉: 가루 분, 骨: 뼈 골, 碎: 부술 쇄, 身: 몸 신

뼈가 가루가 되고 몸이 부서진다는 뜻이에요. 즉, 뼈를 깎는 고통을 참으며 온 힘을 다해 노력하는 것을 말해요.

정몽주 일화

이성계는 어지러운 고려 왕조를 무너뜨리고 새로운 나라 조선을 세우고자 신진 사대부들과 손을 잡았어요. 그러나 유능한 충신 정몽주는 고려를 배신할 수 없다며 이성계를 거부했지요. 이성계는 고민 끝에 아들 이방원을 불러 정몽주를 설득하라고 명했어요.
하지만 이방원의 설득에도 정몽주는 시조 <단심가>를 읊으며 자신의 뜻을 끝까지 굽히지 않았어요.

이 몸이 죽고 죽어 일백 번 고쳐 죽어
백골이 진토 되어 넋이라도 있고 없고
임 향한 일편단심이야 가실 줄이 있으랴.

'백골이 진토 되어'는 '뼈가 가루가 되도록'이라는 뜻이에요. 정몽주는 분골쇄신하는 마음으로 고려에만 충성하겠다는 의지를 밝힌 것이지요. 안타깝게도 정몽주는 집으로 돌아가던 길에 선죽교에서 이방원 일행에게 죽임을 당하고 말았어요. 그 후 새로운 나라 조선이 세워졌답니다.

불철주야 (不: 아닐 불, 撤: 거둘 철, 晝: 낮 주, 夜: 밤 야)
낮에도 밤에도 멈추지 않고, 어떤 일에 정성을 쏟는 모습을 뜻해요.

삼고초려 三顧草廬

三: 석 삼, 顧: 돌아볼 고, 草: 풀 초, 廬: 농막 려

오두막집을 세 번 찾아간다는 뜻이에요. 뛰어난 인재를 얻기 위해 간절하고 정성스럽게 청하는 태도를 가리키지요.

중국 한나라 말기, 유비는 백성을 구하겠다는 큰 뜻을 품고 인재를 찾아다녔어요. 마침 융중 땅에 제갈량이라는 인재가 있다는 소문을 듣고 물어물어 그의 초막을 찾았지요. 하지만 제갈량은 약초를 캐러 가고 없었어요. 게다가 언제 돌아올지 모른다는 동자의 말에 유비는 발길을 돌려야 했지요.

얼마 뒤 제갈량이 돌아왔다는 소식이 들리자, 유비는 또다시 눈밭을 헤치며 먼 길을 찾아갔지요. 하지만 제갈량은 그새 또 외출을 하여 이번에도 만나지 못했어요. 유비와 동행했던 관우와 장비는 제갈량의 무례함에 불만을 터뜨렸지요. 그러나 유비는 동자에게 다시 오겠다며 조용히 돌아섰어요.

유비가 세 번째로 찾아갔을 때도 동자가 나와 제갈량이 낮잠을 주무시니 잠시 기다리라고 했지요. 성질이 불같던 장비가 당장 제갈량을 깨우라며 호통을 치자, 그제야 제갈량이 밖으로 나왔어요. 제갈량은 그간 유비가 보인 정성과 겸손한 태도에 크게 감동하여 유비의 책사가 되기로 마음먹었지요. 그 후 유비는 제갈량의 도움으로 호랑이가 날개를 단 듯 전투마다 큰 승리를 거두었고, 그 덕에 이름을 크게 떨친 유비는 마침내 촉한의 황제 자리에 올랐답니다.

사람 사이의 예절은 상대방을 서로 공경하는 데 있다.
- 노자 (고대 중국의 사상가)

와신상담 臥薪嘗膽

臥: 누울 와, 薪: 땔나무 신, 嘗: 맛볼 상, 膽: 쓸개 담

이런 뜻이에요

거친 땔나무 위에서 자고, 쓰디쓴 쓸개를 먹는다는 뜻이에요. 마음먹은 일을 이루기 위해 온갖 괴로움을 참고 견디는 것을 말해요.

성어의 유래

중국의 오나라와 월나라는 지리적으로 가까웠으나 사이가 매우 나빴어요. 결국 오왕 합려와 월왕 구천이 큰 전투를 벌였는데, 합려가 패하고 말았어요. 크게 다친 합려는 아들 부차에게 원수를 갚아 달라는 유언을 남기고 죽었지요. 부차는 아버지의 유언을 잊지 않으려고 가시 많은 땔나무 위에서 잠을 자며 아버지의 한을 가슴 깊이 새겼어요.

이후 월왕 구천은 부차가 군사들을 훈련시키며 복수를 준비하는 것을 알아내고 먼저 공격했어요. 그러나 오히려 부차에게 패해 노예 신세가 되고 말았지요. 구천은 3년 동안 부차의 마구간에서 일하며 치욕을 견뎠어요. 그 후 월나라로 돌아온 구천은 머리맡에 쓰디쓴 쓸개를 달아 놓고 밤낮으로 쳐다보고 핥으면서 수치를 가슴 깊이 새겼지요. 그로부터 10여 년 뒤, 마침내 오나라가 빈틈을 보이자 월나라는 가차 없이 공격해 부차를 굴복시켰어요.

부차와 구천 모두, 어려운 상황 속에서도 좌절하지 않고 마음을 다잡은 굳은 의지가 정말 대단하네요. 이처럼 마지막까지 최선을 다하고 시련을 견디는 사람에게는 분명 좋은 결과가 있을 거예요.

비슷한 고사성어

절치부심 (切: 끊을 절, 齒: 이 치, 腐: 썩을 부, 心: 마음 심)
이를 갈고 속을 썩인다는 뜻으로, 매우 분하여 마음이 쓰리다는 말이에요.

등용문 登龍門

登: 오를 등, 龍: 용 용, 門: 문 문

용의 문에 오른다는 뜻이에요. 어려운 관문을 뚫고 성공하거나 세상에 이름을 떨치는 경우를 말하지요. 중요한 시험을 비유하기도 해요.

용은 상상의 동물로 흔히 상승세를 타고 있거나 강한 힘을 지닌 상태를 나타내요. 한 나라의 임금을 용에 빗대기도 하지요.

중국 후한 시대의 관료였던 이응은 부패한 관리들을 바로잡으려고 애썼어요. 이응은 재물 욕심이 없고 성품이 곧아서 당시 젊은 관리들은 이응과 가까이 지내는 것을 '등용문'이라고 하면서 큰 영광으로 여겼어요.

여기서 등용문은 황하강 상류에 있던 용문이라는 계곡을 가리켜요. 그 계곡 근처에 있던 폭포가 물살이 어찌나 거센지 수많은 물고기들이 모여들었지만 제아무리 힘센 물고기도 거슬러 오르기 어려웠어요. 그러나 이를 이겨 내고 계곡을 오른 물고기는 용이 되었다고 해요. 그 후 '등용문'은 과거에 급제하는 것을 가리키게 되었지요.

오늘날 등용문은 '어려운 관문을 잘 통과해 탄탄대로에 들어서는 길'을 의미해요. 가수 등용문, 스타 등용문 등 다방면으로 쓰이고 있지요.

개천에서 용 난다

가난한 집안이나 어려운 환경 속에서 자란 사람이 온갖 역경을 이겨 내고 성공하는 상황을 가리켜요.

숨은 고사성어 찾기
③ 미술 학원

친구들이 저마다 목표를 가지고 열심히 그리거나 만들고 있어요. 열기로 가득한 미술 학원에서 고사성어를 찾아보아요!

1. 마부작침(磨斧作針)
2. 대기만성(大器晚成)
3. 고진감래(苦盡甘來)
4. 괄목상대(刮目相對)
5. 형설지공(螢雪之功)
6. 화룡점정(畵龍點睛)
7. 분골쇄신(粉骨碎身)
8. 삼고초려(三顧草廬)
9. 와신상담(臥薪嘗膽)
10. 등용문(登龍門)

➡ 정답은 154쪽에 있어요.

4장
나를 다스리는 지혜

일거양득 一擧兩得

一: 한 일, 擧: 들 거, 兩: 두 양, 得: 얻을 득

하나를 들어 둘을 얻는다는 뜻으로, 한 가지 일을 하여 두 가지 이익을 얻는 경우를 나타내요.

중국 전국 시대에 변장자라는 사람이 호랑이 두 마리를 잡으려고 벼르고 있었어요. 하루는 변장자가 여관에 머물고 있는데, 때마침 두 호랑이가 소 한 마리를 두고 싸우기 시작했지요. 변장자는 곧장 칼을 빼 들고 호랑이를 잡으려 했어요. 그때 한 아이가 말했어요.

"싸움을 지켜보다가 한 놈이 쓰러지면 그때 잡는 것이 어떨지요? 그러면 한 번만 움직여 두 마리를 한꺼번에 잡을 수 있지요."

변장자는 무릎을 탁 치고 잠자코 기다렸지요. 조금 뒤, 긴 싸움 끝에 호랑이들이 지쳐 쓰러지자 얼른 다가가 두 마리를 모두 잡았어요.

이 이야기는 《사기》의 〈장의열전〉에 실려 있어요. 여기서 호랑이는 각각 위나라와 한나라를 가리켜요. 두 나라 사이에서 이러지도 저러지도 못하던 진나라 혜왕은 초나라의 달변가 진진으로부터 호랑이를 잡은 변장자 이야기를 듣게 되지요. 혜왕은 진진의 이야기에서 크게 깨닫고, 위나라와 한나라의 전쟁을 느긋하게 지켜보았어요. 그러다 두 나라가 약해진 틈을 타

공격하여 큰 승리를 거두었어요.

도랑 치고 가재 잡는다
도랑(작은 개울)을 내기 위해 돌을 들면 그 밑에 숨어 있는 가재까지 잡을 수 있다는 뜻이에요.

선견지명 先見之明

先: 먼저 선, 見: 볼 견, 之: 어조사 지, 明: 밝을 명

앞을 내다보는 안목이라는 뜻이에요. 지금의 상황을 잘 살펴 앞으로 일어날 일을 예측하는 지혜를 말하지요.

<이이의 십만양병설>

조선 중기는 큰 전쟁이나 천재지변이 없는 아주 평화로운 시기였어요. 하루는 이조 판서 율곡 이이가 지방 군대를 조사해 보니 군사들이 훈련은 전혀 하지 않고 나태하게 생활하고 있었어요. 무기는 창고에서 녹이 슬고 있었지요. 나라의 앞날을 걱정하던 이이는 1583년, 《시무육조계》라는 책에 '십만양병설'을 주장하는 글을 썼어요.

"나라가 오랫동안 평화롭다 보니 전쟁이 벌어졌을 때 나가서 싸울 수 있는 군대가 없습니다. 지금부터라도 10만 명의 군사를 길러 혹시 일어날지 모를 전쟁에 대비해야 합니다."

그러나 다른 관료들은 모두 코웃음을 치며, 이이의 말을 귓등으로 흘려들었어요. 그로부터 10년 뒤인 1592년, 일본이 조선에 쳐들어오면서 임진왜란이 일어났지요. 관료들이 선견지명이 있었던 이이의 말에 조금이라도 관심을 가졌다면 일본이 조선을 함부로 침략하지 못했을 거예요.

천리안 (千: 일천 천, 里: 마을 리, 眼: 눈 안)

천 리 밖의 사물을 볼 수 있는 눈이라는 뜻이에요. 사물을 꿰뚫어 보는 능력을 말하지요. 사물을 밝게 보는 슬기로운 눈을 뜻하는 '혜안(慧眼)'도 비슷한 말이에요. 바로 눈앞의 일만 중요히 여기지 말고 내 주변을 두루, 깊이 살피다 보면 높은 안목을 기를 수 있답니다.

순망치한 脣亡齒寒

脣: 입술 순, 亡: 잃을 망, 齒: 이 치, 寒: 시릴 한

입술이 없으면 이가 시리다는 뜻이에요. 서로 의지하는 관계여서 한쪽이 망하면 다른 쪽도 존재하기 어렵다는 말이에요. 서로 떨어질 수 없는 긴밀한 관계를 가리키기도 해요.

중국 진나라의 헌공은 괵나라를 공격하기로 마음먹었어요. 그래서 괵나라를 치러 가는 길목에 있는 우나라 우공에게 귀한 보물을 보내면서 진나라 군대가 지나갈 수 있도록 길을 열어 달라고 했지요. 우나라 우공은 진귀한 선물에 정신을 뺏겨 헌공의 요청을 넙죽 받아들이려고 했어요. 그때 한 현명한 신하가 나서서 이렇게 말했지요.

"괵나라는 우나라를 보호하는 튼튼한 장벽과 같습니다. 그래서 괵나라가 망하면 우나라도 곧장 망할 것입니다. 옛말에 입술이 없어지면 이가 시리다고 했습니다. 절대 길을 열어 주어서는 안 됩니다."

그러나 우공은 신하의 말을 무시하고 헌공에게 바로 길을 열어 주었어요. 아니나 다를까, 진나라는 괵나라를 치고 돌아오는 길에 우나라를 공격했지요. 결국 우나라는 진나라에게 멸망해 역사 속으로 사라졌답니다.

바늘 가는 데 실 간다
바늘은 실이, 실은 바늘이 있어야 바느질을 할 수 있어요. 이처럼 아주 가깝고 서로를 늘 따르는 관계를 일컫는 속담이에요.

보거상의 (輔: 덧방나무 보, 車: 수레바퀴 거, 相: 서로 상, 依: 의지할 의)
수레의 덧방나무와 바퀴처럼 서로 떨어질 수 없는 밀접한 관계를 말해요.

과유불급 過猶不及

過: 지날 과, 猶: 오히려 유, 不: 아닐 불, 及: 미칠 급

정도가 지나친 것, 정도에 미치지 못하는 것 모두 같다는 뜻이에요. 무엇이든 지나치면 부작용이 큰 것을 의미하지요.

공자의 제자 중에 자장과 자하가 있었어요. 자장은 여러 재주가 뛰어났고 포부도 컸어요. 그래서 모든 일에 적극적이었지만 허영심이 좀 많았지요. 반면 자하는 행실은 반듯했으나 너무 신중해서 늘 소극적이었어요.
하루는 공자의 제자 자공이 자장과 자하 중에 누가 더 낫냐고 물었어요.
"자장은 너무 활달해서 지나치고, 자하는 너무 신중해서 미치지 못한다."
공자의 대답에 자공이 다시 한번 물었지요.
"그 말씀은 자장이 더 낫다는 뜻인지요?"
"지나친 것은 미치지 못한 것과 같다."
공자는 많지도 적지도 않고, 어느 한쪽으로 치우치지 않는 '중용(中庸)'을 매우 중요하게 여겼어요. 지나친 욕심은 재앙을 불러오고, 몸에 좋은 음식이라도 많이 먹으면 탈이 난다는 사실을 꼭 기억하세요.

다다익선 (多: 많을 다, 益: 더할 익, 善: 착할 선)
많으면 많을수록 더 좋다는 뜻이에요.

교각살우 (矯: 바로잡을 교, 角: 뿔 각, 殺: 죽일 살, 牛: 소 우)
소의 뿔을 바로잡으려다가 소를 죽인다는 뜻이에요. 작은 결점을 고치려다가 일을 망친다는 말이지요.

유비무환 有備無患

有: 있을 유, 備: 갖출 비, 無: 없을 무, 患: 근심 환

이런 뜻이에요

평소에 준비가 철저히 잘되어 있으면, 갑자기 어려운 일이 생겨도 근심이 없다는 뜻이에요.

성어의 유래

중국 진나라의 황제 도공에게는 위강이라는 유능한 신하가 있었어요. 그는 법을 엄히 집행하는 올곧은 사람이었지요. 어느 해, 정나라가 진나라에게 의좋게 지내자며 귀한 선물을 보내왔어요. 하지만 도공은 영토를 넓힐 욕심에 정나라를 침략하려 들었지요. 그러자 위강이 이렇게 말했어요.

"정나라와 우호 관계를 맺는다면 그들의 침입을 신경 쓰지 않아도 됩니다."

이에 도공은 위강의 말대로 정나라와 우호 조약을 맺었어요. 그리고 영토 확장 욕심은 버리고, 평화로운 나라를 만들기 위해 애썼지요. 이후 진나라가 힘이 더 강해지자 많은 나라들이 앞다투어 보물을 보내왔어요. 도공은 보물의 일부를 고마운 위강에게 주었지만, 위강은 한사코 사양했어요.

"평안할 때 위태로움을 생각하고, 준비하면 걱정이 없다는 옛말이 있습니다. 모든 것이 좋을 때 위기를 생각하는 군주가 되십시오."

위강의 말을 깊이 새긴 도공은 더더욱 힘을 키워, 뒷날 어지럽게 세력을 다투던 중국을 통일하였답니다.

비슷한 고사성어

교토삼굴 (狡: 교활할 교, 兔: 토끼 토, 三: 석 삼, 窟: 굴 굴)

꾀 많은 토끼는 굴을 세 개나 판다는 뜻으로, '유비무환'과 같은 의미예요.

비슷한 명언

기회는 준비된 사람에게 찾아온다. - 루이 파스퇴르 (프랑스의 화학자)

임기응변 臨機應變

臨: 임할 임, 機: 틀 기, 應: 응할 응, 變: 변할 변

갑작스레 일이 벌어졌을 때, 자신의 형편과 사정에 맞게 잘 처리한다는 말이에요.

《헨젤과 그레텔》
헨젤과 그레텔의 새어머니는 가난한 살림을 핑계 대며 남편에게 아이들을 숲에 버리자고 꼬드겨요. 그렇게 헨젤과 그레텔은 숲에 버려지는데 이를 미리 눈치챈 헨젤이 준비한 돌멩이를 길 위에 떨어뜨렸고, 그 돌멩이를 보고 집으로 무사히 돌아가지요. 하지만 다시 버려졌을 때는 미처 돌멩이를 구하지 못해 빵을 조금씩 떼어 길 위에 떨어뜨렸어요. 그러나 새들이 빵을 다 먹어 치워서 아이들은 숲에서 길을 잃고 말아요. 한참을 헤매던 헨젤과 그레텔은 우연히 과자 집을 발견하는데, 그곳에는 아이들을 잡아먹는 마녀가 살고 있었지요. 마녀는 헨젤을 감옥에 가두고 음식을 계속 먹였어요. 헨젤이 통통해지면 잡아먹을 계획이었지요. 그러나 헨젤은 눈이 어두운 마녀가 손을 달라고 하면 동물의 뼈를 내밀어 여전히 빼빼 마른 것처럼 속였어요.
그리고 그레텔은 마녀를 뜨거운 화덕에 밀어 넣는 기지를 발휘해 마침내 탈출에 성공하지요.

궁하면 통한다
몹시 어려운 처지가 되면 도리어 해결 방법이 생긴다는 말이에요.

기지 (奇: 기이할 기, 智: 지혜 지)
특별하고 뛰어난 지혜를 말해요. '기지를 발휘하다'라는 관용어로 많이 써요.

초지일관 初志一貫

初: 처음 초, 志: 뜻 지, 一: 한 일, 貫: 꿸 관

박사님은 어릴 때부터 꿈이 우주 비행사였대요. 한 번도 바뀌지 않았지요. 꿈을 이루기 위해 초지일관 열심히 노력한 박사님을 소개합니다!

처음 품은 뜻을 하나로 꿴다는 뜻이에요. 하기로 마음먹은 일을 끝까지 밀고 나가는 것을 말해요.

훈민정음 창제 일화

세종대왕이 한글을 창제하기 전에는, 우리말을 적을 수 있는 우리의 고유 글자가 없었어요. 그래서 중국의 한자를 가져다 썼지요. 하지만 한자는 우리말과 맞지 않고 뜻이 어려워 주로 양반들만 사용했어요.
평소에 이를 안타깝게 여긴 세종은 우리말을 그대로 적을 수 있고, 백성들이 읽고 쓰기 쉬운 우리 글자를 만들겠다고 마음먹었지요. 그런데 세종의 뜻을 알게 된 신하들이 엄청나게 반대하기 시작했어요.

"한자를 사용하지 않는 사람은 오랑캐 같은 야만인이나 다름없습니다!"

원래 세종은 나랏일을 정할 때 신하들의 의견을 하나하나 귀담아 들었어요. 그러나 우리 글자를 만드는 일만큼은 절대 고집을 꺾지 않았지요. 당시 중국을 우러러 받들어야 한다고 생각하던 신하들은 그런 세종이 못마땅했어요. 그래서 우리 글자를 연구하는 내내 사사건건 물고 늘어지며 거세게 반대했지요. 그러나 세종은 초지일관 자신의 뜻을 굽히지 않고 묵묵히 한글 창제에 몰두했어요. 그 결과, 1443년에 훈민정음이 완성되었고 1446년에 세상에 나오게 되었답니다.

갈팡질팡

갈피를 못 잡고 이리저리 헤매는 모양새를 일컫는 말이에요. 예를 들면 "갑자기 소나기가 내려 갈팡질팡 어쩔 줄을 몰랐다."라고 써요.

역지사지 易地思之

易: 바꿀 역, 地: 땅 지, 思: 생각 사, 之: 어조사 지

남의 입장이 되어서 생각한다는 뜻이에요. 상대방을 이해하려고 노력하라는 속뜻이 담겨 있지요.

공자의 제자 안회는 어렵게 사는 사람들의 처지를 생각해 하루에 밥 한 그릇과 물 한 잔만 먹으며 지냈다고 해요. 공자는 검소하고 생각이 깊은 안회를 칭찬했어요. 그러면서 하나라의 우 임금과 주나라에서 농업의 신으로 존경받았던 후직에 관한 이야기를 널리 알리며 두 사람을 칭송했어요.

"하나라의 시조 우 임금이 길을 가다가 물에 빠진 백성을 보았는데, 자신이 수리 시설을 제대로 챙기지 못해 백성들이 고통받는다고 여겼다. 그리고 주나라의 후직은 백성들이 굶주리고 있는 것을 알게 되자, 자신이 농업을 제대로 관장하지 못해 백성들이 끼니를 챙기지 못하는 것이라고 생각했다. 두 사람 모두 다른 사람들의 처지를 먼저 생각하고 배려한 훌륭한 인물이다. 이처럼 입장을 바꾸어 다른 사람의 처지를 헤아려 보는 것은 사람에게 꼭 필요한 일이다."

이때 '처지가 바뀌면 모두 그러했을 것'이라는 뜻의 '역지즉개연(易地則皆然)'이라는 말이 생겼고, 오늘날 '역지사지'로 변형된 것으로 보고 있어요.

아전인수 (我: 나 아, 田: 밭 전, 引: 끌 인, 水: 물 수)
내 밭으로만 물을 끌어온다는 뜻이에요.
자신의 이익과 욕심을 채우기 위해 이기적으로 행동하는 것을 말해요.

촌철살인 寸鐵殺人

寸: 마디 촌, 鐵: 쇠 철, 殺: 죽일 살, 人: 사람 인

한 치의 쇠붙이로 살인한다는 뜻이에요. 핵심이 되는 말 한마디로 상대방의 급소를 찌른다는 말이지요.

《학림옥로》는 중국 남송 시대의 학자 나대경이 집으로 찾아온 손님과 나눈 대화를 기록한 책이에요. 나대경은 이 책에서 착한 도리를 배우고 닦는 '참선'에 대해 다음과 같이 말했어요.

"어떤 사람이 수레에 무기를 한가득 싣고 왔다고 해서 살인을 할 수 있는 것은 아니다. 오히려 한 치(3센티미터)도 안 되는 쇳조각만 있어도 사람을 죽일 수 있다."

여기서 '살인'이란 실제로 사람을 죽인다는 뜻이 아니에요. 참선으로 마음속의 잡다한 생각을 없애고 얻는 깨달음을 말하지요. 즉, 정신을 집중하여 마음을 갈고닦으면 비록 아주 작은 깨달음일지라도 그 깨달음이 사물을 변화시키고 사람을 감동시킨다는 뜻이에요.

이처럼 '촌철살인'은 참선의 방법에서 유래된 말이에요. 그러나 오늘날에는 아주 짧고 간결한 말로 핵심을 찌르거나 깊은 감동을 줄 때 '촌철살인'이라는 표현을 사용해요.

정문일침 (頂: 정수리 정, 門: 문 문, 一: 한 일, 針: 바늘 침)
정수리에 침을 꽂는다는 뜻으로, 따끔하고 매서운 충고를 비유적으로 이르는 말이에요.

경거망동 輕擧妄動

輕: 가벼울 경, 擧: 들 거, 妄: 허망할 망, 動: 움직일 동

쉽게 흥분하고 요상하게 행동한다는 뜻이에요. 상황에 전혀 맞지 않는 경솔한 행동을 할 때 이 말을 쓰지요.

안자와 마부 일화
중국 제나라의 재상 안자가 수레를 타고 지날 때면 사람들이 몰려와 지체 높은 재상의 얼굴을 보려고 했어요. 그러면 안자는 겸손하고 인품이 높아서 사람들에게 늘 고개를 숙였어요. 오히려 안자의 마부가 대단한 사람인 것처럼 뻐기며 수레를 몰았지요.

어느 날 마부의 아내가 남편이 수레를 끌고 지나가는 모습을 보았어요. 그런데 조용한 안자와 달리, 거들먹거리는 남편을 보자 너무 창피했어요. 그래서 남편이 집에 돌아오자 매섭게 쏘아붙였어요.

"안자는 여섯 척의 작은 몸으로 재상이 되었지만 매우 겸손했어요. 하지만 당신은 여덟 척의 체구로 수레나 몰면서 거들먹거리다니요. 부끄럽습니다."

그제야 크게 뉘우친 마부는 다시는 뽐내지 않고 겸손하게 행동했답니다. 이처럼 경거망동하는 사람은 신뢰를 주기 어렵고 보기에도 좋지 않아요. 침착하고 신중하게 행동하는 사람이 되도록 노력해 보아요.

술덤벙물덤벙하다
술과 물을 가리지 않고 덤벙댄다는 뜻이지요. 함부로 날뛰는 모습을 말해요.

심사숙고 (深: 깊을 심, 思: 생각 사, 熟: 익을 숙, 考: 생각할 고)
깊이 생각하고 또 생각한다는 뜻으로, 매우 신중한 태도를 말해요.

숨은 고사성어 찾기
④ 마트

맛있는 먹거리와 생활용품이 가득한 마트에서 사람들이 분주하게 장을 보고 있네요. 마트 곳곳에 숨어 있는 고사성어를 찾아보아요!

1. 일거양득(一擧兩得)
2. 선견지명(先見之明)
3. 순망치한(脣亡齒寒)
4. 과유불급(過猶不及)
5. 유비무환(有備無患)
6. 임기응변(臨機應變)
7. 초지일관(初志一貫)
8. 역지사지(易地思之)
9. 촌철살인(寸鐵殺人)
10. 경거망동(輕擧妄動)

➡ 정답은 155쪽에 있어요.

5장

마음에 새겨야 할 가치

개과천선 改過遷善

改: 고칠 개, 過: 허물 과, 遷: 옮길 천, 善: 착할 선

지난날의 잘못이나 나쁜 태도를 뉘우치고 착한 사람이 되었다는 뜻이에요. 새로운 삶을 시작한 사람에게 사용하는 말이지요.

중국 진나라 양흠에 주처라는 사람이 살았어요. 그는 일찍이 아버지를 여의고 방탕하게 행동했지요. 걸핏하면 남을 때리고 괴롭혀 사람들이 그를 매우 두려워했어요. 그런데 시간이 흐르자 주처도 철이 들어 자신의 과거를 뉘우치고 새사람이 되기로 마음먹었어요. 그러나 아무도 그를 믿지 않자 주처는 자신이 어떻게 하면 믿어 주겠냐고 물었어요.

"남산에 사는 사나운 호랑이와 다리 밑에 사는 용을 죽인다면 믿어 주겠소."
사람들이 냉랭하게 말했지요.

주처는 사람들의 마음을 얻기 위해 목숨을 건 싸움 끝에 호랑이와 용을 죽이고 돌아왔어요. 하지만 사람들은 여전히 주처를 반기지 않았지요. 크게 실망한 주처는 마을을 떠나 여기저기 떠돌아다녔어요. 그러다 이름 높은 학자인 육기를 만나 자초지종을 털어놓았지요. 육기는 개과천선하면 좋은 날이 올 거라고 격려해 주었어요. 용기를 얻은 주처는 10여 년 동안 학문을 익히고 덕을 쌓아 훌륭한 학자가 되었답니다.

환골탈태 (換: 바꿀 환, 骨: 뼈 골, 奪: 빼앗을 탈, 胎: 아이 밸 태)
뼈를 바꾸고 겉모양새를 벗는다는 뜻이에요. 완전히 새사람이 되었을 때 이 말을 써요.

살신성인 殺身成仁

殺: 죽일 살, 身: 몸 신, 成: 이룰 성, 仁: 어질 인

자신을 희생해서 '인(仁)'을 이룬다는 뜻이에요. 목숨을 잃더라도 어질고 의로운 일을 실천하는 것을 말하지요. 공자의 제자들이 공자의 말과 행동을 기록한 《논어》의 <위령공편>에 실려 있답니다.

《행복한 왕자》

영국의 작가 오스카 와일드가 쓴 《행복한 왕자》에서 '살신성인'을 실천한 아름다운 주인공을 만날 수 있어요. 행복한 왕자는 귀한 보석으로 치장한 동상이에요. 왕자는 비참하게 살아가는 사람들을 내려다보며 늘 가슴 아파했지요. 어느 날, 겨울이 코앞으로 다가왔지만 미처 남쪽으로 떠나지 못한 제비가 왕자의 발밑에서 쉬고 있었어요. 왕자는 제비에게 자신의 몸에서 보석을 떼어 내 가난한 사람들에게 갖다 주라고 부탁하지요. 제비는 왕자의 말대로 칼자루에 박힌 보석, 눈에 박힌 사파이어, 옷에 붙은 금박 조각들을 죄다 떼어 사람들에게 나누어 주었어요. 그러는 동안 왕자는 초라한 모습으로 변해 갔지요. 그런데 왕자의 청을 들어주느라 남쪽으로 떠나지 못한 제비는 그만 얼어 죽고 말아요. 그리고 추하게 변한 왕자 동상도 사람들에게 철거되어 뜨거운 불에 던져지면서 녹아 버렸지요.

얼마 뒤 천사가 내려와 왕자의 쪼개진 심장과 죽은 제비를 들고 하느님께 가 바치면서 이렇게 말했어요.

"세상에서 가장 귀한 보물을 가져왔습니다."

사생취의 (捨: 버릴 사, 生: 날 생, 取: 가질 취, 義: 옳을 의)

《맹자》에 수록된 말로, 의리 또는 의로움을 위해 목숨까지 버리면서 옳은 일을 하는 것을 말해요.

타산지석 他山之石

他: 다를 타, 山: 뫼 산, 之: 어조사 지, 石: 돌 석

다른 산에서 나는 하찮은 돌이라도 자신의 옥돌을 가는 데 도움이 된다는 뜻이에요. 다른 사람의 보잘것없는 말이나 행동, 결점도 인격을 수양하는 데 도움이 될 수 있다는 말이지요.

중국의 가장 오래된 시집인 《시경》에 〈학〉이라는 시가 실려 있는데, 여기에 아래와 같은 구절이 나와요.

저기 저 못가에 두루미 우니 그 소리 하늘 높이 울려 퍼지고
기슭에 나와 노니는 고기 때로는 연못 깊이 숨기도 하네.
즐거워라. 저기 저 동산 속에 한 그루 박달나무 솟아 있어도
그 밑에 닥나무는 자라네.
다른 산의 못생긴 돌멩이라도 [他山之石]
옥을 가는 숫돌로 쓸 수 있으리. [同以攻玉]

여기서 못생긴 돌멩이는 소인(小人)을, 옥은 군자(君子)를 뜻해요. 옥은 옥으로 갈리지 않아, 구슬로 만들려면 거친 숫돌에 갈아야 하지요. 이처럼 아무리 뛰어난 군자라도 평범한 소인에게 보고 배울 점이 있다는 말이에요.
세상에 쓸모없는 것은 없어요. 내가 어떻게 느끼고 받아들이냐에 따라 큰 가르침을 얻을 수도 있답니다.

반면교사 (反: 돌이킬 반, 面: 낯 면, 敎: 가르칠 교, 師: 스승 사)
다른 사람의 실패를 보며 교훈을 얻는다는 말이에요.
다른 사람의 나쁜 행동을 거울삼아 똑같은 잘못을 저지르는 일이 없도록 조심하는 것이 좋겠지요?

백문불여일견 百聞不如一見

百: 일백 백, 聞: 들을 문, 不: 아닐 불, 如: 같을 여, 一: 한 일, 見: 볼 견

백 번 듣는 것보다 한 번 보는 것이 낫다는 뜻이에요. 무엇이든 실제로 경험해 봐야 확실히 안다는 말이지요. 그러니 다른 사람의 말을 쫓기보다는 직접 확인하고 판단하는 태도를 가지면 좋겠지요?

맹사성 일화

조선 최고의 명재상이었던 맹사성은 젊은 시절에 매우 거만했어요. 하루는 파주의 산골에 훌륭한 스님이 있다는 소문을 듣고, '제까짓 중이 알면 얼마나 알까.' 하는 마음으로 찾아갔어요. 이윽고 절에 도착해 스님을 만난 맹사성이 가르침을 달라고 했지요. 그러자 스님이 이렇게 말했어요.

"죄짓지 말고 착한 일을 많이 하라."

너무 평범한 말에 맹사성은 장원 급제한 사람에게 한다는 말이 겨우 그거냐며 화를 냈어요. 하지만 스님은 빙그레 웃으며 누구나 다 아는 것이지만 실천하기는 어렵다면서 이렇게 덧붙였지요.

"백문불여일견(百聞不如一見), 백견불여일각(百見不如一覺), 백각불여일행(百覺不如一行)이니라. 백 번 듣는 것보다 한 번 보는 것이 낫고, 백 번 보는 것보다 한 번 깨닫는 것이 좋으며, 백 번 깨닫는 것보다 한 번 행하는 것이 가장 귀하다는 뜻이다."

스님의 말에 크게 깨달은 맹사성은 자신의 오만한 마음을 뉘우치고 스님에게 큰절을 올렸다고 해요.

한 장의 그림은 천 개의 단어만큼 값지다.

A picture is worth a thousand words.

노마지지 老馬之智

老: 늙을 노, 馬: 말 마, 之: 어조사 지, 智: 지혜 지

늙은 말의 지혜라는 뜻이에요. 아무리 하찮은 사람이라도 특별한 재주를 가졌거나 슬기로운 면이 있다는 말이지요.

중국 제나라의 환공은 뛰어난 관료였던 관중과 습붕을 데리고 고죽국을 정벌하러 나섰어요. 고죽국은 제나라와 비교도 안 될 만큼 작은 나라여서 금방 이길 수 있을 거라 여겼지요. 하지만 예상보다 싸움이 길어져서 그해 겨울에 겨우 전쟁을 끝낼 수 있었어요. 지칠 대로 지친 환공 일행은 조급한 마음에 제나라로 돌아가는 지름길을 택했어요. 그러다 그만 길을 잃어 나아가지도 돌아가지도 못하는 곤경에 빠지고 말았지요.

모두 당황하던 그때, 관중이 늙은 말을 풀어 주었어요. 다들 의아한 생각이 들었지만 잠자코 말을 따라갔지요. 그러자 얼마 지나지 않아 큰길이 나오지 뭐예요? 늙은 말이 오랜 경험으로 쌓은 후각과 본능으로 길을 찾아낸 것이지요. 그러나 기쁨도 잠시, 지친 군사들이 목이 말라 헉헉거리기 시작했어요. 그러자 이번에는 습붕이 개미집을 찾아 그 밑을 파 보라고 했어요. 군사들이 개미집 밑을 일곱 자쯤 파 들어가자 시원한 샘물이 솟구쳐 올랐지요. 군사들은 개미 덕분에 목을 축일 수 있었답니다.

학식이 깊었던 관중과 습붕도 늙은 말과 개미의 지혜를 빌려 고비를 잘 이겨 냈어요. 누구에게나 배울 점이 있다는 사실, 꼭 기억하세요.

굼벵이도 구르는 재주가 있다
아무리 볼품없는 사람이라도 한 가지 탁월한 재주는 있다는 뜻이에요.

당랑거철 螳螂拒轍

螳: 사마귀 당, 螂: 사마귀 랑, 拒: 막을 거, 轍: 바퀿자국 철

사마귀가 앞발로 수레바퀴를 막는다는 뜻이에요. 자신의 능력을 잘 알지도 못하면서 강한 사람에게 덤비는 무모한 행동이나 허세를 말해요.

중국 제나라의 제후 장공이 수레를 타고 사냥터로 향했어요. 사람들은 왕족이 행차하는 것을 보고 멀찌감치 물러나 허리를 굽혔지요.

바로 그때 작디작은 사마귀 한 마리가 길 한가운데에 떡 버티고 서서 앞발을 치켜들었어요. 장공은 급히 수레를 멈추게 한 뒤 말했어요.

"참 맹랑한 놈이군. 당장이라도 수레를 칠 것처럼 기세가 아주 당당해. 저놈이 사람이라면 분명 용감한 장수가 되었을 것이다."

장공은 수레를 돌려 사마귀를 피해 가라고 명했지요.

이 일화는 용감하고 당당한 기개에 대한 이야기예요. 그런데 뒷날, 공자의 제자 거백옥이 이 일화에 대해 다른 해석을 내놓았어요. 만일 장공이 그대로 지나갔다면 사마귀는 수레에 깔려 죽었을 것이며, 따라서 사마귀의 행동이 매우 무모했다고 꼬집었지요. 그 뒤로 '당랑거철'은 용맹한 행동을 뜻하기도 하지만, 자기 분수도 모르고 함부로 날뛰는 무모함을 뜻하는 말로 널리 쓰이고 있답니다.

하룻강아지 범 무서운 줄 모른다
세상 물정을 잘 모르는 사람이 철없이 덤비는 것을 비꼬는 말이에요.

새옹지마 塞翁之馬

塞: 변방 새, 翁: 늙은이 옹, 之: 어조사 지, 馬: 말 마

변방에 사는 노인의 말이라는 뜻이에요. 복이 화가 되기도 하고 화가 복이 될 수도 있다는 의미지요.

중국의 한 시골에 '새옹'이라는 노인이 살고 있었어요. 어느 날 새옹이 기르던 말이 오랑캐 땅으로 도망가자, 사람들이 안타까워했지요.

"참 좋은 말이었는데, 정말 속상하시겠어요."

그러나 새옹은 후에 좋은 일이 생길지 누가 알겠냐며 덤덤히 받아들였지요. 그런데 얼마 후 도망갔던 새옹의 말이 오랑캐의 말을 데리고 집으로 돌아왔어요. 마을 사람들은 기뻐하며 너도나도 축하해 주었어요. 하지만 새옹은 이 일이 화가 될지 모른다며 썩 좋아하지 않았어요. 아니나 다를까, 새옹의 아들이 오랑캐의 말을 타다가 떨어져 다리를 다치고 말았어요. 사람들은 새옹을 위로했지만, 새옹은 늘 그랬던 것처럼 태연하게 말했지요.

"누가 알겠소. 어쩌면 이 일이 좋은 일이 될지."

얼마 뒤 마을에 오랑캐가 쳐들어왔어요. 마을의 젊은이들은 오랑캐에 맞서 싸우다 모두 죽고 말았지요. 그러나 말에서 떨어져 다리를 절게 된 새옹의 아들은 전쟁터에 나가지 않았고, 홀로 목숨을 건질 수 있었답니다.

전화위복 (轉: 구를 전, 禍: 재앙 화, 爲: 할 위, 福: 복 복)

재앙이 복으로 바뀐다는 뜻이에요. 불행한 일이 있어도 노력하고 애쓰면 행복으로 바꿀 수 있다는 의미지요. 그러니 힘든 일이 있더라도 좌절하지 말고 씩씩하게 이겨 내기 위해 노력해 보아요.

망양보뢰 亡羊補牢

亡: 망할 망, 羊: 양 양, 補: 기울 보, 牢: 우리 뢰

양 잃고 우리를 고친다는 뜻이에요. 이미 일을 그르친 뒤에는 뉘우쳐도 소용이 없다는 말이지요.

초나라 양왕이 술에 빠져 나라를 돌보지 않자, 신하 장신이 "국고를 낭비하는 신하를 멀리하십시오."라고 충언했어요. 그러나 양왕은 장신의 말에 코웃음을 쳤지요.

얼마 뒤 진나라가 초나라에 쳐들어오자, 양왕은 궁에서 빠져나와 도망치는 신세가 되었어요. 양왕은 그제야 장신의 말을 듣지 않고 방탕하게 생활한 것을 후회하였지요. 그래서 급히 장신을 불러 앞으로 어떻게 하면 좋을지 물었어요. 그러자 장신이 이렇게 말했지요.

"양을 잃은 뒤에 우리를 고쳐도 늦지 않고, 토끼를 보고 나서 사냥개를 불러도 늦지 않습니다."

이처럼 '망양보뢰'는 실패하거나 실수해도 빨리 뉘우치고 수습하면 괜찮다는 뜻이에요. 얼마든지 다시 일어설 수 있다는 긍정적인 의미지요. 그러나 세월이 흐르면서 원래의 뜻과 달리 일이 잘못된 뒤에는 후회해도 소용없다는 부정적인 의미로 바뀌었어요.

말이 달아난 뒤에는 마구간 문을 닫을 필요 없다.
Don't shut the stable door after the horse has bolted.

만시지탄 (晚: 늦을 만, 時: 때 시, 之: 어조사 지, 歎: 탄식할 탄)
기회를 놓쳤거나 때가 늦은 것을 한탄한다는 뜻이에요.

어부지리 漁夫之利

漁: 고기잡을 어, 夫: 사내 부, 之: 어조사 지, 利: 이로울 리

어부의 이득이라는 뜻으로, 두 사람이 싸우는 동안 다른 사람이 덕을 본다는 말이에요.

중국 조나라의 혜문왕이 연나라를 칠 계획을 세웠어요. 이 소식을 들은 연나라 왕은 '소대'라는 사람을 불러 혜문왕을 대신 설득해 달라고 부탁했지요. 소대는 혜문왕을 찾아가 이렇게 말했어요.

"조나라로 들어오는 길목의 강변에서 조개가 입을 벌리고 있었습니다. 그때 도요새 한 마리가 날아와 조가비 안에 부리를 넣어 조갯살을 뜯어 먹기 시작했지요. 그러자 놀란 조개가 입을 꽉 오므려 도요새의 부리를 가두었습니다. 그렇게 조개와 도요새는 서로 지지 않으려고 끝까지 싸웠지요. 그때 한 어부가 지나가다가 그 모습을 보고는 조개와 도요새를 모두 잡아갔습니다. 만약 전하께서 지금 연나라를 친다면 두 나라 모두 전쟁을 치르느라 피폐해질 것입니다. 그러면 강대국인 진나라가 아무 힘도 들이지 않고 연나라와 조나라를 꿀꺽 삼키는 꼴이 될 것이옵니다."

소대의 말에 혜문왕은 "흠, 과연 옳은 말이오!" 하고는 연나라를 침략하려 했던 마음을 거두었다고 해요.

죽 쑤어 개 준다

어떤 일을 열심히 했는데 정작 남에게 빼앗기는 경우를 말해요. 아무 관련 없는 엉뚱한 사람이 이득을 챙긴 것이지요.

유언비어 流言蜚語

流: 흐를 유, 言: 말씀 언, 蜚: 바퀴 비, 語: 말씀 어

흘러 다니는 말, 해충 같은 말이라는 뜻이에요. 아무 근거 없이 떠돌아다니는 헛소문을 말하지요.

고대 로마의 폭군으로 유명한 네로 황제는 자신에 대한 유언비어가 하도 많아서 감찰관까지 두어 사람들을 감시했다고 해요. 그러던 중 서기 64년에 기름 창고에서 불이 나 로마 시내를 다 태워 버린 큰 화재가 일어났어요. 그런데 로마 시민들 사이에서 '네로 황제가 불을 지르고, 불꽃을 보며 시를 지었다.'는 유언비어가 들불처럼 번져 갔지요. 다급해진 네로 황제와 귀족 세력들은 여론을 잠재우기 위해 기독교에 화재의 책임을 덮어씌우기로 했어요. 그래서 예수의 열두 제자를 비롯해 기독교도들이 무자비하게 학살을 당했답니다.

오늘날에도 SNS를 통해 거짓 정보가 진실의 탈을 쓰고 빠르게 번지는 경우가 많아요. 홍수처럼 쏟아지는 정보 속에서 진실을 가려 읽으려면, 예리하게 관찰하고 상황을 정확하게 꿰뚫어 볼 수 있는 힘을 키워야겠어요.

새 까먹은 소리
새가 낟알을 까먹고 난 빈 껍질 같은 소리라는 뜻이에요. 알맹이가 없는 뜬소문을 비유적으로 표현하는 말이지요.

가담항설 (街: 거리 가, 談: 말씀 담, 巷: 거리 항, 說: 말씀 설)
거리의 말이라는 뜻으로, 사람들 입에 오르내리며 떠도는 헛소문을 말해요.

숨은 고사성어 찾기
⑤ 수영장

시원한 물을 가르며 어푸어푸 수영하는 것은 언제나 신이 나지요. 수영장에 숨어 있는 고사성어를 함께 찾아볼까요?

1. 개과천선(改過遷善)
2. 살신성인(殺身成仁)
3. 타산지석(他山之石)
4. 백문불여일견(百聞不如一見)
5. 노마지지(老馬之智)
6. 당랑거철(螳螂拒轍)
7. 새옹지마(塞翁之馬)
8. 망양보뢰(亡羊補牢)
9. 어부지리(漁夫之利)
10. 유언비어(流言蜚語)

➜ 정답은 155쪽에 있어요.

6장
고난 속에서 얻은 깨달음

계륵 鷄肋

鷄: 닭 계, 肋: 갈빗대 륵

아, 이 옷은 정말 내 취향이 아니야. 내가 이걸 왜 산 거지? 앞으로도 절대 안 입을 거 같은데….

그러고 보니 완전 형 스타일이네. 형한테 주면 엄청 잘 입고 다니겠지? 그런데 왜 그런지 주기 아깝단 말이지….

닭의 갈비뼈라는 뜻이에요. 쓸모는 없지만 버리기 아까운 것을 말해요. 또는 이러지도 저러지도 못하는 난처한 상황을 비유하는 말로도 쓰이지요.

중국 후한의 조조와 촉나라 유비가 한중 땅을 서로 차지하려고 치열하게 다툴 때예요. 큰 진척 없이 두 나라가 계속 대치하는 상황이 지루하게 이어졌고, 어느덧 군량미도 떨어지고 군사들도 지쳐 갔지요. 조조는 전쟁을 계속할지 이대로 물러날 것인지 고민했어요.

그때 양수 장군이 조조에게 다가와 암호를 정해 달라고 했어요. 조조는 '계륵'이라고 대답했지요. 한중 땅이 닭의 갈비뼈처럼 포기하긴 아깝지만 많은 희생을 치를 만큼 대단한 땅이 아니라는 것을 은근히 내비친 것이지요. 조조의 속마음을 눈치챈 양수는 곧장 짐을 싸기 시작했어요. 과연 얼마 뒤 양수의 예상대로 조조의 퇴각 명령이 떨어졌어요. 양수는 이처럼 매우 총명했으나, 너무 똑똑해서 군사 명령을 어지럽혔다는 죄를 뒤집어쓰고 조조에게 참수당하고 말았어요.

쉰밥 고양이 주기 아깝다
자기에게 아무 소용이 없지만, 남에게 주기 싫은 인색한 마음을 표현한 말이에요.

진퇴양난 (進: 나아갈 진, 退: 물러날 퇴, 兩: 두 양, 難: 어려울 난)
나아가기도 물러서기도 어렵다는 뜻으로, 어느 쪽도 택할 수 없는 곤란한 입장을 말해요.

화중지병 畫中之餠

畫: 그림 화, 中: 가운데 중, 之: 어조사 지, 餠: 떡 병

'그림의 떡'이라는 뜻이에요. 마음에는 있으나 갖거나 마음대로 사용할 수 없는 것을 가리키지요.

<여우와 신 포도>
여우는 며칠 동안 아무것도 먹지 못했어요. 게다가 먹이를 찾아 여기저기 다니느라 한 발짝도 움직이지 못할 만큼 지쳐 있었지요. 그때 저 멀리 포도밭이 보였어요.

"그래! 저기 가서 포도를 따 먹어야겠다. 하늘이 무너져도 솟아날 구멍이 있구나."

여우는 포도밭을 보자마자 드디어 무언가를 먹을 수 있다는 생각에 젖 먹던 힘까지 짜 내어 달려갔어요. 그런데 막상 도착해 보니 포도는 많았지만, 너무 높은 곳에 달려 있어서 몹시 난감했지요. 그나마 제일 낮은 데에 열린 포도라도 따 보려고 앞발을 뻗고, 발돋움을 하고, 뛰어도 보았지만 아무 소용이 없었어요.

크게 실망한 여우는 힘없이 중얼거리며 돌아섰어요.

"저 포도는 분명히 시고 맛도 없을 거야.
저까짓 포도, 안 먹어도 돼."

여우에게는 넝쿨에 주렁주렁 달린 포도가 한낱
'화중지병'이었던 셈이에요.

Pie in the sky
하늘에 있는 파이라는 뜻으로, 눈에 보이지만 실제로는 갖기 어려운 것을 말해요. 현실에서 이루기 어려운 꿈이나 기대를 나타내지요.

설상가상 雪上加霜

雪: 눈 설, 上: 윗 상, 加: 더할 가, 霜: 서리 상

눈 위에 서리가 내려 쌓인다는 뜻이에요.
좋지 않은 일이 연거푸 일어난다는 말이지요.

옛날 중국에 '대양화상'이라는 유명한 스님이 있었어요. 많은 이들이 스님을 만나려고 찾아왔지만, 감히 가까이 가지 못하고 먼발치에서 보기만 했지요. 그러던 어느 날, 한 스님이 대양화상을 찾아왔어요.
스님은 '나는 수련을 많이 했으니 부끄러울 게 하나도 없어.'라고 생각하며 당당하게 대양화상 스님에게 인사했어요. 대양화상 스님은 단번에 그의 마음을 꿰뚫어 보고 이렇게 꾸짖었지요.
"그대는 앞만 볼 줄 알고, 뒤는 돌아볼 줄 모르는구나."
그러니까 겉으로 드러나는 것만 중요하게 여기고, 보이지 않는 곳에서 묵묵히 해야 하는 수양은 소홀히 여긴다는 뜻이었지요.
그러자 스님이 이렇게 맞받아쳤어요.
"허허, 그 말씀은 설상가상(雪上加霜)입니다."
여기서 '설상가상'은 쓸데없는 참견을 뜻하는 말이에요. 그러나 세월이 흐르면서 지금은 좋지 않은 일이 계속 생긴다는 의미로 쓰인답니다.

엎친 데 덮친 격
난처한 일, 불행, 재앙이 연이어 덮쳐 오는 것을 말해요.

금상첨화 (錦: 비단 금, 上: 윗 상, 添: 더할 첨, 花: 꽃 화)
비단 위에 꽃을 더한다는 뜻으로, 좋은 일이 계속 겹칠 때 이 말을 써요.

갑론을박 甲論乙駁

甲: 갑옷 갑, 論: 논의할 론, 乙: 새 을, 駁: 논박할 박

갑이 주장하고 을이 반박한다는 뜻이에요. 서로 자신의 의견을 내세우고 남의 주장을 반박하는 것을 말하지요.

<어리석은 삼 형제>
옛날에 삼 형제가 바닷가에서 고기를 잡고 있었어요. 그때 하늘에 새가 날아가자 첫째가 말했어요.

"저 새를 잡아서 삶아 먹자."

그러자 둘째가 고개를 저으며 다른 의견을 내놓았어요.

"형님, 그보다는 구워 먹는 게 낫지요."

그때 막냇동생도 자신의 의견을 주장하며 끼어들었어요.

"두 형님들, 맛있게 먹으려면 끓는 물에 데친 뒤 구워야 합니다."

삼 형제는 서로 자신이 옳다며 계속 다투었어요. 결국 삼 형제는 해결책을 얻으려고 고을 수령을 찾아갔어요. 그러자 수령이 새를 잡아 오라고 명했지요. 그런데 바닷가에 다시 가 보니, 새는 이미 날아가고 없었어요.

위 이야기의 삼 형제처럼 갑론을박만 하다가는 바라던 것을 놓치고 헛수고를 할 수도 있어요. 여러분은 이런 어리석은 실수를 하지 않도록 해야겠지요?

왈가왈부 (曰: 가로 왈, 可: 옳을 가, 否: 아닐 부)
옳고 그름을 가린다는 말이에요. 사람들의 의견이 하나로 모이지 않아서 옥신각신하는 모습을 표현한 것이지요. '설왕설래'도 비슷한 말이에요.

파죽지세 破竹之勢

破: 깨뜨릴 파, 竹: 대 죽, 之: 어조사 지, 勢: 기세 세

대나무를 쪼개는 기세라는 뜻이에요. 사납고 세찬 기운으로 적을 무찌르는 모습을 표현한 말이지요.

중국 진나라의 무제는 위나라를 무너뜨리고 국호를 '진'으로 고쳤어요. 그런 다음 간신히 버티고 있는 오나라도 마저 치려고 했지요. 이미 촉나라도 멸망한 뒤여서 오나라만 정복하면 삼국을 통일할 수 있었거든요. 진나라 장수들이 한창 작전 회의를 하고 있는데 한 장수가 앞으로 나서며 말했어요.
"이제 곧 잦은 봄비로 강물이 범람할 것이고, 장마가 시작되면 전염병이 돌지도 모릅니다. 그러니 일단 철수했다가 가을철에 다시 오면 어떻겠습니까?"
그러자 여기저기서 찬성하는 소리가 나왔어요.
그때 두예 장수가 단호하게 말했지요.
"지금 병사들의 사기가 파죽지세인데, 이런 절호의 기회를 날릴 셈이오?"
두예는 그렇게 말한 뒤, 곧장 자신이 거느리던 군대를 움직여 질풍같이 돌진했어요. 그 결과 전쟁을 승리로 이끌고 오나라를 정복하는 데 큰 공을 세웠답니다.

속수무책 (束: 묶을 속, 手: 손 수, 無: 없을 무, 策: 꾀 책)
손이 묶인 것처럼 꼼짝 못 하거나 아무 대책을 낼 수 없어 그대로 당하는 답답한 상황을 말해요.

승승장구 (乘: 탈 승, 勝: 이길 승, 長: 길 장, 驅: 몰 구)
싸움에서 이기는 기세를 잡거나, 막힘 없이 성공하는 모습을 가리켜요.

사면초가 四面楚歌

四: 넉 사, 面: 얼굴 면, 楚: 초나라 초, 歌: 노래 가

헉! 방학 숙제가 산더미 같은데 하나도 못 했네.

벌써 내일이 개학이야. 어쩌지….

하필 손까지 다쳐서 연필도 잡기 힘든데.

으악! 큰일이다. 해결 방법이 없어.

사방에서 들려오는 초나라 노래라는 뜻이에요. 어려운 일이 생겼는데 해결 방법이 전혀 없거나 어떤 도움도 받을 수 없는 곤란한 상황을 말해요.

중국 초나라의 항우와 한나라 유방이 천하를 다투던 때의 이야기예요. 처음에는 항우가 우세했으나 유방이 승승장구하면서 항우는 쫓기는 신세가 되었어요. 그러다 유방과 한나라 군사들에게 완전히 포위되고 말았지요.
항우의 초나라 군사들은 오랜 전투로 지칠 대로 지쳐 있었고 군량미마저 바닥나 배불리 먹지 못했어요. 그런데 사방을 에워싼 한나라 군사들이 초나라 노래를 구슬프게 부르기 시작했지요. 초나라 군사들은 노래를 듣자마자 온몸에 힘이 쭉 빠졌고, 그리운 고향 생각에 눈물을 뚝뚝 흘렸어요. 이때부터 초나라 군사들은 완전히 사기를 잃었고, 급기야 군사들이 하나둘 도망치기 시작했어요. 항우는 그런 군사들을 보며 한탄했어요.
"그 많던 초나라 군사들은 모두 어디로 갔단 말인가!"
결국 항우는 유방에게 패했고, 초나라는 멸망하고 말았지요.

가자니 태산이요, 돌아서자니 숭산이라
거대한 산이 앞뒤를 꽉 막고 있는 매우 난처한 상황을 의미해요.

풍전등화 (風: 바람 풍, 前: 앞 전, 燈: 등 등, 火: 불 화)
바람 앞에 등불이라는 뜻이에요.
아주 위급한 상황을 가리키지요.

백발백중 百發百中

百: 일백 백, 發: 쏠 발, 中: 맞을 중

백 번 쏘아 백 번 모두 맞힌다는 뜻이에요. 계획한 일이 예상대로 들어맞거나 하는 일마다 성공한다는 말이지요.

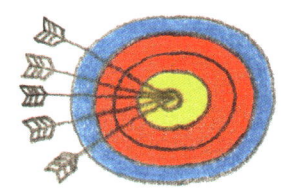

주몽 설화

고구려를 세운 동명성왕의 이름은 주몽이에요. 《삼국사기》를 보면 '주몽'이라는 이름의 유래가 기록되어 있어요.

강의 신 하백의 딸인 유화 부인은 하늘 신의 아들인 해모수의 아이를 가졌어요. 이 사실을 알게 된 하백은 불같이 화를 내며 딸을 내쫓았지요. 정처 없이 헤매던 유화 부인은 우연히 부여의 금와왕을 만나는데, 금와왕이 유화 부인의 딱한 사정을 듣고는 궁으로 데려갔어요.

이후 유화 부인은 알을 하나 낳았고, 이 알에서 바로 주몽이 태어났답니다. 그리하여 주몽은 부여에서 금와왕의 왕자들과 함께 자랐는데 몸집이 단연 크고 건장했어요. 뿐만 아니라 일곱 살 때 이미 직접 활과 화살을 만들 줄 알았고, 활을 쏘았다 하면 백발백중이었어요. 당시 부여에서 활을 잘 쏘는 사람을 '주몽'이라고 불렀기 때문에 그의 이름이 '주몽'이 되었다고 해요.

한편 부여의 왕자들은 모든 면에서 뛰어난 주몽을 질투해서 죽이려고 했지요. 결국 주몽은 자신을 따르는 무리를 이끌고 남쪽으로 가 새로운 나라를 세웠어요. 이 나라가 바로 고구려예요.

백전백승 (百: 일백 백, 戰: 싸울 전, 勝: 이길 승)
백 번 싸워 백 번 모두 이긴다는 뜻이에요.

오리무중 五里霧中

五: 다섯 오, 里: 리 리, 霧: 안개 무, 中: 가운데 중

오 리나 되는 짙은 안개 속에 서 있다는 뜻이에요. 사물의 행방이나 상황을 전혀 몰라 우왕좌왕할 때 이 말을 쓰지요.

곽재우 일화

임진왜란 때 큰 공을 세운 조선의 의병들은 자발적으로 모인 백성들이었기 때문에 군사 훈련이 전혀 안 되어 있었어요. 이를 잘 알고 있었던 의병장 곽재우는 수가 많고 잘 훈련된 일본군과 직접 싸우지 않고 되도록이면 피했어요. 대신 지리를 최대한 이용하여 치고 빠지는 전술을 주로 썼지요. 곽재우의 전략은 매번 성공했고 일본군은 동에 번쩍, 서에 번쩍 하는 곽재우에게 번번이 당하곤 했지요.

한번은 곽재우가 현풍성에서 일본군과 맞섰을 때였어요. 곽재우는 의병들을 비파산과 성 뒷산에 배치한 뒤 한밤중에 여기저기서 번갈아 가며 횃불을 올리고 함성을 지르게 했어요. 그러고는 횃불을 든 군사들을 성문에 모아 놓고 큰 소리로 외쳤지요.

"여기 홍의장군이 왔다. 오늘이 너희들의 마지막인 줄 알아라."

조선군이 얼마나 되는지 전혀 갈피를 잡지 못한 일본군은 성을 버리고 황급히 도망쳤어요. 결국 곽재우는 피 한 방울 흘리지 않고 현풍성을 손에 넣을 수 있었답니다.

신출귀몰 (神: 귀신 신, 出: 날 출, 鬼: 귀신 귀, 沒: 숨을 몰)

자신의 위치를 드러내지 않고 귀신처럼 나타났다 사라진다는 뜻이에요.

용두사미 龍頭蛇尾

龍: 용 용, 頭: 머리 두, 蛇: 뱀 사, 尾: 꼬리 미

용의 머리와 뱀의 꼬리라는 뜻이에요. 시작은 그럴 듯하나 끝이 좋지 않은 경우를 가리키지요.

중국 송나라의 고승 진존숙이 도를 깨우치기 위하여 전국을 돌아다닐 때였어요. 어느 날 한 승려를 만나 선문답을 나누게 되었는데, 승려가 말을 하다 말고 갑자기 "예끼!" 하고 호통을 쳤어요. 진존숙은 순간 흠칫했지만, 수양이 높은 고승답게 빙그레 웃으며 말했지요.

"내 한 번은 당신의 꾸지람을 듣겠소."

승려가 말을 재치 있게 해서 제법 도를 닦은 것처럼 보였거든요. 그래서 한 번은 넘어가 준 것이지요. 그런데 승려가 또다시 "예끼!" 하고 소리쳤어요.

'흠, 큰소리만 칠 줄 알지 아직 참다운 도를 깨우치지 못했군. 용의 머리에 뱀의 꼬리를 가진 자일지도 모르겠구나.'

진존숙은 그렇게 생각하며 조용히 물었어요.

"호통은 용처럼 힘이 넘치는데 큰소리친 뒤에는 어찌 마무리할 셈이요?"

그러자 승려는 우물쭈물 아무 말도 하지 못하고 슬그머니 사라졌어요.

흐지부지

확실하게 끝을 맺지 못하고 흐리멍덩하게 넘어가는 모양새를 말해요.

작심삼일 (作: 지을 작, 心: 마음 심, 三: 석 삼, 日: 날 일)

결심한 마음이 사흘을 넘기지 못하고 풀어진다는 뜻이에요. 한번 목표를 정했으면 작심삼일하지 말고 끝까지 밀고 나가는 여러분이 되기를 바라요.

구사일생 九死一生

九: 아홉 구, 死: 죽을 사, 一: 한 일, 生: 날 생

아홉 번 죽을 뻔하다가 한 번 살아난다는 뜻이에요. 여러 번 죽을 고비를 넘기고 간신히 목숨을 건진다는 말이지요.

중국 초나라에 '굴원'이라는 사람이 있었어요. 굴원은 매우 현명했고 성품도 곧아 왕에게 바른 소리를 곧잘 했어요. 한번은 진나라가 초나라의 왕을 꾀어 초나라를 정복하려 들자, 굴원은 왕에게 상황을 똑바로 보고 판단해야 한다며 충언했어요. 하지만 굴원은 이 일로 왕의 미움을 사 유배를 떠나게 되었지요. 그리고 얼마 후 초나라는 진나라의 공격을 받아 크게 패하고 말았어요. 이 소식을 들은 굴원은 나라와 왕을 지키지 못했다는 죄책감에 괴로워하다가 스스로 강물에 뛰어들었다고 해요.

'구사일생'은 사마천이 지은 《사기》의 <굴원 열전>에 수록된 시에서 유래한 말이에요. '비록 아홉 번 죽더라도 절대 후회하지 않으리.'라는 구절이 나오는데, 목숨을 잃더라도 소신껏 바른 말을 했던 굴원의 신념이 잘 담겨 있지요. 원래는 '구사무일생(九死無一生: 아홉 번 죽는 동안 한 번도 살아남지 못함)'이라고 쓰여 있으나, 세월이 흐르면서 '구사일생'으로 바뀌었어요.

기사회생 (起: 일어날 기, 死: 죽을 사, 回: 돌아올 회, 生: 날 생)
죽은 사람이 벌떡 일어나 살아난다는 뜻이에요. 실패했다고 생각하는 순간 다시 힘을 내고 새롭게 일어서는 모습을 가리키지요.

숨은 고사성어 찾기
⑥ 놀이터

언제 가도 즐거운 놀이터에서 아이들이 신나게 뛰어놀고 있어요. 와글와글 놀이터 속에 꼭꼭 숨은 고사성어를 찾아보세요!

1. 계륵(鷄肋)
2. 화중지병(畫中之餠)
3. 설상가상(雪上加霜)
4. 갑론을박(甲論乙駁)
5. 파죽지세(破竹之勢)
6. 사면초가(四面楚歌)
7. 백발백중(百發百中)
8. 오리무중(五里霧中)
9. 용두사미(龍頭蛇尾)
10. 구사일생(九死一生)

➡ 정답은 155쪽에 있어요.

함께 알아 두면 좋은 초등 필수 고사성어

01 견원지간(犬猿之間)
개와 원숭이의 사이라는 뜻. 서로 미워하며 으르렁대는 관계를 이르는 말
"우리는 견원지간이었지만 오해를 풀었어. 지금은 둘도 없는 친구야."

02 견토지쟁(犬兎之爭)
개와 토끼의 다툼이라는 뜻. 두 사람이 싸우는데 관련 없는 사람이 이득을 봄
"쇼트트랙에서 선수들끼리 부딪혀 넘어지면 꼴찌 선수가 견토지쟁으로 이기기도 해."

03 고립무원(孤立無援)
사방에 도움을 주는 사람이 없어 혼자 외로이 서 있다는 뜻
"오늘 전학한 첫날이라 좀 외로웠어. 고립무원, 외톨이였다니까."

04 군계일학(群鷄一鶴)
닭의 무리에 있는 한 마리 학. 수많은 사람 가운데 뛰어난 인물을 이르는 말
"축구 실력은 우리 학교에서 내가 최고야. 단연 군계일학이지."

05 금지옥엽(金枝玉葉)
금으로 된 가지와 옥 같은 잎이라는 뜻. 귀하게 키운 자식을 이르는 말
"우리 엄마가 날 금지옥엽으로 키워 주셨어."

06 기고만장(氣高萬丈)
기운이 만 길 높이만큼 뻗었다는 뜻. 기세가 등등한 모습을 나타내는 말
"수학 시험 백 점 받았다고 기고만장이네? 그럴수록 겸손해야지."

07 낭중지추(囊中之錐)
주머니 속의 송곳이라는 뜻. 뛰어난 사람은 가만히 있어도 저절로 드러남
"하나를 알려 주면 열을 아는구나. 너야말로 낭중지추다."

08 동문서답(東問西答)
동쪽을 묻는데 서쪽으로 대답한다는 뜻. 상황에 맞지 않는 엉뚱한 대답
"그게 무슨 뚱딴지같은 소리야. 자꾸 동문서답할래?"

09 마이동풍(馬耳東風)
동풍이 말의 귀를 스쳐 간다는 뜻. 남의 말을 귀담아듣지 않는 것을 의미함
"내가 그렇게 당부했는데, 너한테는 내 말이 마이동풍이었구나."

10 마중지봉(麻中之蓬)
삼밭의 쑥대라는 뜻. 착한 사람과 있으면 그 영향을 받아 선하게 됨
"모범생 형을 따라 열심히 공부하더니 성적이 많이 올랐네? 마중지봉이 따로 없네."

11 문외한(門外漢)
어떤 일에 대해 전문적인 지식이 없는 사람을 이르는 말

"난 영화에 대해선 문외한이야. 대신 게임은 엄청 잘 알지."

12 문전성시(門前成市)
찾아오는 사람이 많아 집 앞이 시장을 이루었다는 뜻

"여기 식당 맛집인가 봐. 올 때마다 자리가 없어. 온종일 문전성시네."

13 미봉책(彌縫策)
실로 꿰매는 방법이라는 뜻. 잘못된 것을 임시로 보완하는 것을 이르는 말

"그건 미봉책에 불과해. 근본적인 문제점이 전혀 해결되지 않으니까."

14 박학다식(博學多識)
학식이 넓고 아는 것이 많음을 이르는 말

"우리 선생님한테 물어보면 다 알려 주셔. 진짜 박학다식하시거든."

15 배은망덕(背恩忘德)
남에게 입은 은혜를 나 몰라라 저버리고 배신하는 태도

"나는 너 미술 숙제 엄청 도와줬는데…, 진짜 배은망덕한 거 아니냐?"

16 백면서생(白面書生)
겨우 글이나 읽을 뿐, 세상일에는 전혀 경험이 없는 사람

"우리 삼촌은 글만 읽는 백면서생이라, 그런 거 못 한다고 할걸?"

17 수불석권(手不釋卷)
손에서 책을 놓지 않고 늘 글을 읽는다는 뜻

"우아, 밤낮으로 수불석권하더니 1등 했네? 멋지다!"

18 십시일반(十匙一飯)
밥 열 술이 한 그릇이 된다는 뜻. 여럿이 힘을 합하면 일이 쉬움을 의미함

"우리가 십시일반으로 도와줄게. 그러니까 힘내."

19 약육강식(弱肉强食)
약한 자가 강한 자에게 먹힌다는 뜻. 힘으로 승자와 패자가 정확히 구별되는 것

"아프리카 초원이 평화로워 보여도 엄연히 약육강식의 세계야."

20 언중유골(言中有骨)
말 속에 뼈가 있다는 뜻. 겉으로는 순해 보이나 단단한 속뜻이 들어 있다는 말

"너, 방금 한 말 언중유골 같은데…. 나한테 서운한 거 있니?"

21 오비이락(烏飛梨落)
까마귀가 날자 배가 떨어진다는 뜻. 우연히 동시에 일어나서 억울하게 의심받음
"문을 여는데 갑자기 손잡이가 툭 빠지더라. 완전 오비이락이었어."

22 오십보백보(五十步百步)
오십 보 도망간 사람이 백 보 도망간 사람을 비웃음. 큰 차이가 없다는 말
"6등이나 7등이나 오십보백보야. 어차피 둘 다 예선 탈락이거든."

23 오합지졸(烏合之卒)
까마귀가 모인 것처럼 질서 없이 모인 병졸. 마구잡이로 모인 무질서한 군중
"우리 팀은 오합지졸에 가깝다. 한 번도 이겨 본 적이 없어."

24 우유부단(優柔不斷)
어물어물 망설이기만 하고 단호하게 결정하지 못하는 모양새
"난 우유부단해서 친구들이 뭘 부탁하면 거절을 못 하겠더라."

25 우후죽순(雨後竹筍)
비가 온 뒤에 여기저기 솟는 죽순. 어떤 일이 한꺼번에 많이 일어나는 것
"사람들이 커피를 하도 많이 마시니까 카페가 우후죽순으로 생겨나."

26 의기소침(意氣銷沈)
기운이 없고 풀이 죽은 상태. 스스로 떳떳하지 못하고 자신이 없음
"피아노 콩쿠르 대회에 나갔는데 다들 너무 잘해서 의기소침해지더라."

27 이구동성(異口同聲)
입은 다르나 목소리는 같다는 뜻. 여러 사람의 말이 똑같다는 의미
"유민이는 정말 착해. 친구들이 이구동성으로 칭찬하는 것만 봐도 알 수 있어."

28 이심전심(以心傳心)
마음과 마음으로 서로 뜻이 통함
"아빠! 아이스크림 사 왔네요? 안 그래도 먹고 싶었는데 이심전심으로 통했어요."

29 인산인해(人山人海)
사람이 산을 이루고 바다를 이루었다는 뜻. 사람이 엄청 많이 모인 상태
"주말이라 그런가? 백화점이 사람으로 인산인해야."

30 임시방편(臨時方便)
갑작스레 벌어진 일을 우선 급하게 대충 처리하는 것
"많이 다쳤네? 일단 임시방편으로 밴드를 붙인 다음에 병원에 가자."

31 자중지란(自中之亂)
같은 편 안에서 일어나는 싸움
"얘들아, 우리 자중지란하지 말고 문제를 해결할 방법을 같이 찾아보자."

32 절호(好)
어떤 일을 하기에 더없이 좋은 기회나 때
"이제 우리가 공격할 차례야. 역전할 수 있는 절호의 기회라고."

33 천고마비(天高馬肥)
하늘은 높고 말이 살찐다는 뜻. 온갖 곡식이 풍성한 가을철을 이르는 말
"천고마비의 계절이라 그런지 입맛이 엄청 당기네."

34 첩첩산중(疊疊山中)
여러 산이 겹치고 겹친 산속. 힘든 일이 계속 생기는 것을 비유적으로 이르는 말.
"일을 해도 해도 끝이 안 나. 첩첩산중이 따로 없네."

35 청산유수(靑山流水)
푸른 산에 흐르는 맑은 물이라는 뜻. 물줄기처럼 말이 술술 흘러나오는 모습
"저 사람 진짜 말 잘한다. 말솜씨가 청산유수야."

36 청천벽력(靑天霹靂)
맑은 하늘에서 치는 날벼락이라는 뜻. 갑작스레 벌어진 사고나 큰 사건
"할머니가 병원에 입원하셨다고? 이게 무슨 청천벽력 같은 소리야!"

37 팔방미인(八方美人)
여러 방면에 재주가 많은 사람을 비유적으로 이르는 말
"우리 형은 공부도 잘하고 피아노랑 미술도 잘해. 팔방미인이지."

38 함흥차사(咸興差使)
심부름을 가서 오지 않거나 늦게 온 사람을 가리키는 말
"얘가 왜 이리 안 오지? 두부 사 오라고 보냈더니 함흥차사네."

39 호사다마(好事多魔)
보통 좋은 일 뒤에는 안 좋은 일이 뒤따른다는 뜻
"호사다마라고, 해외여행 간다고 좋아했더니 거기서 뭘 잘못 먹어 탈이 났어."

40 호시탐탐(虎視眈眈)
호랑이가 먹이를 노려본다는 뜻. 남의 것을 뺏으려고 기회를 엿보는 모양새
"배고픈 여우는 토끼를 잡아먹으려고 호시탐탐 기회를 노렸어."

숨은 고사성어 찾기 정답

● 28-29쪽 ① 조각 공원

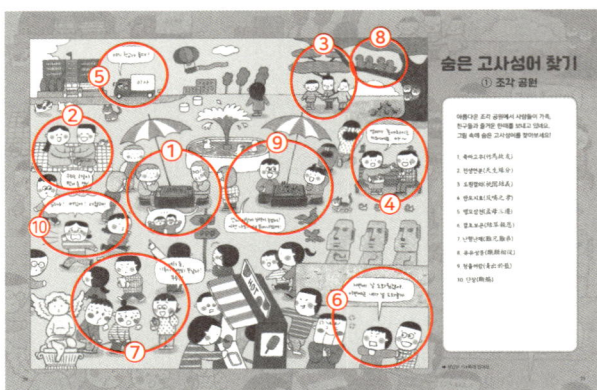

1. 죽마고우(竹馬故友)
2. 천생연분(天生緣分)
3. 도원결의(桃園結義)
4. 반포지효(反哺之孝)
5. 맹모삼천(孟母三遷)
6. 결초보은(結草報恩)
7. 난형난제(難兄難弟)
8. 유유상종(類類相從)
9. 청출어람(靑出於藍)
10. 단장(斷腸)

● 52-53쪽 ② 카페

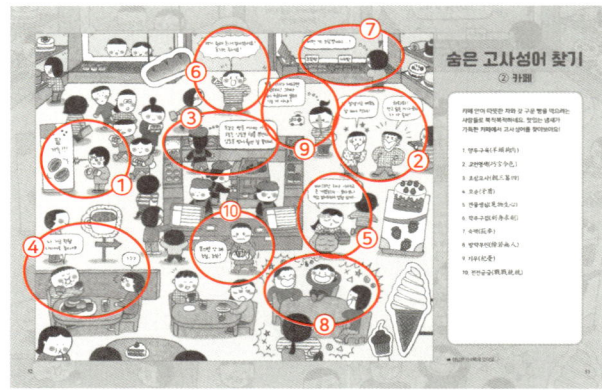

1. 양두구육(羊頭狗肉)
2. 교언영색(巧言令色)
3. 조삼모사(朝三暮四)
4. 모순(矛盾)
5. 견물생심(見物生心)
6. 각주구검(刻舟求劍)
7. 숙맥(菽麥)
8. 방약무인(傍若無人)
9. 기우(杞憂)
10. 전전긍긍(戰戰兢兢)

● 76-77쪽 ③ 미술 학원

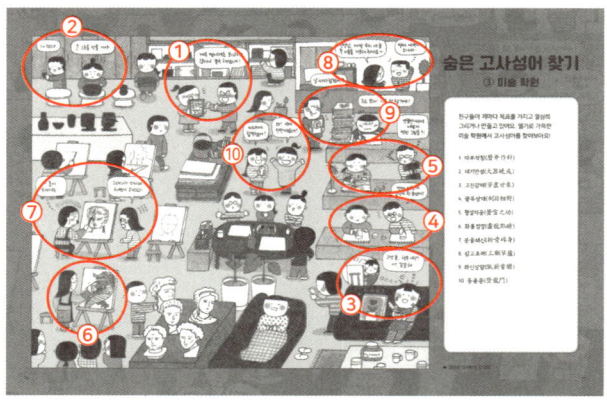

1. 마부작침(磨斧作針)
2. 대기만성(大器晚成)
3. 고진감래(苦盡甘來)
4. 괄목상대(刮目相對)
5. 형설지공(螢雪之功)
6. 화룡점정(畵龍點睛)
7. 분골쇄신(粉骨碎身)
8. 삼고초려(三顧草廬)
9. 와신상담(臥薪嘗膽)
10. 등용문(登龍門)

● 100-101쪽 ④ 마트

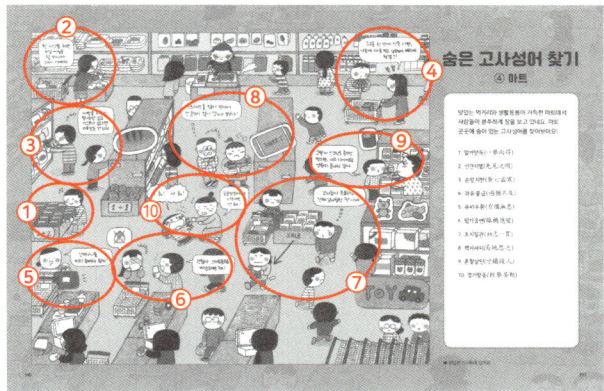

1. 일거양득(一擧兩得)
2. 선견지명(先見之明)
3. 순망치한(脣亡齒寒)
4. 과유불급(過猶不及)
5. 유비무환(有備無患)
6. 임기응변(臨機應變)
7. 초지일관(初志一貫)
8. 역지사지(易地思之)
9. 촌철살인(寸鐵殺人)
10. 경거망동(輕擧妄動)

● 124-125쪽 ⑤ 수영장

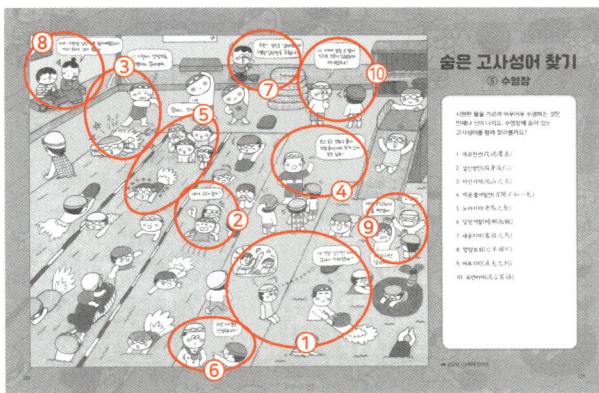

1. 개과천선(改過遷善)
2. 살신성인(殺身成仁)
3. 타산지석(他山之石)
4. 백문불여일견(百聞不如一見)
5. 노마지지(老馬之智)
6. 당랑거철(螳螂拒轍)
7. 새옹지마(塞翁之馬)
8. 망양보뢰(亡羊補牢)
9. 어부지리(漁夫之利)
10. 유언비어(流言蜚語)

● 148-149쪽 ⑥ 놀이터

1. 계륵(鷄肋)
2. 화중지병(畫中之餅)
3. 설상가상(雪上加霜)
4. 갑론을박(甲論乙駁)
5. 파죽지세(破竹之勢)
6. 사면초가(四面楚歌)
7. 백발백중(百發百中)
8. 오리무중(五里霧中)
9. 용두사미(龍頭蛇尾)
10. 구사일생(九死一生)

참고 도서
《말힘 글힘을 살리는 고사성어》, 장연, 고려원북스, 2006
《박완서 소설어 사전》, 민충환, 아로파, 2021

국어가 잡히는 초등 어휘 ❸
날마다 고사성어

1판 1쇄 발행 2023년 6월 25일

글 원유순 | 그림 뜬금

펴낸곳 머핀북 | **펴낸이** 송미경
출판등록 제2022-000122호 | **주소** (우)04167 서울시 마포구 큰우물로76 403호
전화 070-7788-8810 | **팩스** 0504-223-4733 | **전자우편** muffinbook@naver.com
블로그 blog.naver.com/muffinbook | **인스타그램** muffinbook2022

ⓒ 원유순, 뜬금 2023

ISBN 979-11-981499-5-4 74700
ISBN 979-11-981499-0-9 (세트)

책값은 뒤표지에 있습니다.
잘못된 책은 구입하신 서점에서 바꾸어 드립니다.
이 책은 저작권법에 따라 보호받는 저작물이므로 무단 전재와 복제를 금합니다.
이 책의 내용을 이용하려면 반드시 저작권자와 머핀북의 동의를 받아야 합니다.

어린이제품 안전특별법에 의한 기타표시사항
제품명 도서 | 제조자명 머핀북 | 제조국명 한국 | 사용연령 8세 이상
KC마크는 이 제품이 공통안전기준에 적합하였음을 의미합니다.